Michelle Amecke

LÄNGER LIEBEN, SCHÖNER KOMMEN

Liebesschule für multiple und intensivere Orgasmen.

Für Singles und Paare

Michelle Amecke

Länger lieben, schöner kommen
Liebesschule für multiple und intensivere Orgasmen.
Für Singles und Paare.
1. Auflage 2019 Dortmund

Copyright © 2019 Michelle Amecke
www.michelle-amecke.de

Kolmarer Straße 14, 44137 Dortmund
Layout: Michelle Amecke

Bilder

Stockfoto-ID: 302214889
Copyright: Expensive

Wichtiger Hinweis der Autorin:

Die Informationen, Tipps, Ratschläge und Adressen in diesem Buch sind sorgfältig recherchiert und geprüft worden. Doch die Angaben sind alle ohne Gewähr. Die Autorin kann für Schäden oder mögliche Nachteile, die aus dem Befolgen von Ratschlägen oder praktischen Hinweisen entstehen könnten, keine Haftung übernehmen. Alle Hinweise, Hilfestellungen und praktischen Anwendungen sollen einen (Fach)Arztbesuch nicht ersetzen, sondern eine Ergänzung darstellen.

Inhaltsverzeichnis

Vorwort 1

Das Buch ist richtig für Dich, wenn 5

Wie kannst Du das Buch nutzen?................................... 7

Kapitel 1: Allgemeines über die Sexualität 9

Sexualität im Alltag 11

Geplanter Sex?... 13

Warum ist Sex so wichtig 19

Was genau ist ein Orgasmus? 23

Kapitel 2: ABC der Anatomie 27

Der Mann 29

Das beste Stück - der Penis... 29

Die Frau.. 33

Der G-Punkt.. 35

Ähnlichkeiten bei Mann & Frau 37

Kapitel 3: Praxisteil - es geht zur Sache 39

Übungen – allein 41

Mann: Training für Deinen Hoden 45

Selbstbefriedigung 53

So macht ER es sich selbst 57

Teil 1 Ejakulations-Kontrolle.. 61

Teil 2 Ejakulations-Kontrolle 63

Teil 3 ... so geht es weiter nach ca. 2 Wochen: 65

So macht SIE es sich selbst 69

Erforschung des Körpers 73

Orgasmus in 4 Phasen 77

Zweiergespräche für Paare 81

Kapitel 4: Praxis für Zwei 85

Vorbereitung 87

Verwöhnprogramm für Sie 91

Die erste Orgasmusphase 99

Zweiter Orgasmus 103

Verwöhnprogramm für IHN 107

Erste Phase des Orgasmus 111

Zweite Phase des Orgasmus 113

Das Beste zum Schluss 115

Positionen 117

Orale Zärtlichkeiten 119

Widerstände 123

Gedankenhygiene 125

Die 5 Sprachen der Liebe 127

Überlegungen zur Liebe 131

Grifftechniken Schöne Berührungen für SIE 133

Schöne Berührungen für IHN 139

Das Leben ist immer Veränderung 141

Änderung von Gewohnheiten 143

Positive Sichtweisen 145

Kapitel 5: Exkurs Selbst - Liebe und Fühlen 147

Warum es wichtig ist, den eigenen Körper zu lieben 149

Selbstfürsorge 151

Körperbewusstsein 153

Fussnoten 159

Vorwort

Uns springt ja die Lust aus jedem Bildschirm entgegen und die Brüste fallen aus jedem Magazin oder Werbeplakat in unseren Schoß. Sexratgeber sind gerade für Frauen ganz besonders angesagt.

Warum ich jetzt auch noch einen Ratgeber über Sex schreibe? Weil es gerade modern ist? Vielleicht auch ... doch eher, weil ich Dich nicht nur als Frau, auch als Mann, befähigen möchte, Deinen Körper auf größtmögliche Art und Weise zu nutzen und den Körper des anderen Geschlechts auch auf andere als ausschließlich pornographische Weise kennenzulernen.

Obwohl uns Sex aus jeder Ecke der Werbung angrinst: Er ist immer noch ein Tabu. Sex, Lust und Leidenschaft bleiben leider weiterhin häufig auf dem Niveau der Pornoszene.

Was hindert uns Frauen denn daran, lustvoll zu sein, uns zu unseren Begierden und Wünschen zu bekennen? Das ist gar nicht so einfach zu beantworten, denn es ist ein vielschichtiges Problem mit vielerlei verschachtelten oder sich bedingenden Ursachen.

Mal die körperlichen Faktoren außer Acht gelassen wirken hier Angst, Scham, aber auch die mangelnde Selbstliebe.

Traditionelle Muster sind leider immer noch in im Gedächtnis der Menschheit eingebrannt, denn die Lust besonders der

1

Frauen wurde eine halbe Ewigkeit verdammt, ignoriert, bestraft, behandelt. Noch im 18. und 19. Jhd. suchte man nach Behandlungsmethoden dieser furchtbaren Krankheit im Unterleib der Frau. Lust auf Sex? Erotische Fantasien? Diese Frauen wurden als krank betrachtet und mit vielfältigen Methoden behandelt, die ich Dir hier ersparen möchte. Kein Wunder also, dass die Nachwehen bis in die heutige Zeit reichen.

Auch Männer fühlen sich häufig unter Leistungsdruck, glauben sie müssten immer und überall einen Ständer haben können und die Frau möglichst hart und schnell befriedigen.

Das ist gerade für Beziehungen ein Drama. Im Leistungsdruck geht das abhanden, was den Sex in Beziehungen so wertvoll macht.

Und wenn nun nicht über Sex gesprochen wird? Zum einen, weil keiner der Partner weiß wie, zum anderen, weil es einfach peinlich ist?

Was ist dann mit den Partnerschaften, in denen der Honeymoon abflaut und die ersten Problemchen auftauchen, nicht selten in Form von Alltag und Stress, gar nicht zu reden von dem normalsten aber auch größten „Problem": dem Menscheln.

Es menschelt leider sehr schnell, wenn Gefühle im Spiel sind, alte Erlebnisse und Verletzungen spülen hoch durch Trigger in Form von Anklagen, Verletzungen, Stress im Alltag. Wir alle tragen einen Rucksack mit uns herum, der voll ist mit Erlebnissen aus der Vergangenheit, die leider häufig noch bis in die Gegenwart wirken.

Ratzfatz ist es dann aus mit der Lust. Und weil die Kommunikation fehlt, die Worte fehlen und nicht zuletzt auch praktische Tipps, **wie, auf welche Art und Weise schöner Sex denn überhaupt gelebt werden kann.**

DU hast jetzt einen Schritt gemacht um Dich zu öffnen. Du lernst dazu, befähigst Dich selbst, Deinen Möglichkeitsspielraum zu erweitern und beschäftigst Dich mit Dir UND dem anderen Geschlecht. Das freut mich!

Denn: Was ich mir wünsche sind Menschen, die mutig genug sind, ihre Bedürfnisse zu erkennen und auch zu ihren Bedürfnissen zu stehen. Ich selbst hatte früher unzählige sexuelle Begegnungen, die mehr als unbefriedigend waren. Ich hatte die Vorstellung, dass ich nicht sagen darf, was mich bewegt und was ich möchte. Wenn ich etwas scheußlich fand, habe ich oft so getan als wäre es "mmmhhh ohjaaaa".

Was für eine Befreiung, auszusprechen was wir wollen! Und was wir nicht wollen. Und ohne Hemmung an sich herumzuspielen. Dem anderen Fragen stellen, authentisch sein dürfen.

Viel Spaß und vergiss nicht: Sex steht Dir!

Deine Michelle

"Sex ist nur schmutzig, wenn er richtig gemacht wird."

Woody Allen

Das Buch ist richtig für Dich, wenn ...

- Du große Freude an Sex hast, oder ihn entdecken möchtest.

- Du ausprobieren möchtest, ob Du fähig bist, multiple Orgasmen zu haben, dann solltest Du die Übungen recht akribisch durchführen.

- Du nicht recht weißt, wie sich ein Orgasmus anfühlt. Du hattest, z.B. als Frau, noch nie einen Orgasmus? Dann sind die Übungen für die Frau genau richtig für Dich. Sie unterstützen Dich und zeigen Dir Wege, wie Du sanft in ein gutes Körpergefühl kommst und einen Orgasmus erleben kannst.

- Du Dir ein intensiveres Erlebnis beim Orgasmus wünscht. Dann sind Übungen perfekt.

- Du ein Mann bist und häufig zu früh, zu schnell kommst. Willkommen.

- Du ein Mann bist und wissen möchtest, ob Du multiple Orgasmen auch als Mann haben kannst? Du bist hier richtig.

Aber vielleicht ist es auch so, dass Ihr ein Pärchen seid und Ihr wünscht Euch intensiveren, schöneren Sex? Ihr wollt wieder mehr zueinander finden? Sucht einen Weg abseits vom Nullachtfünfzehn-Sex? Ihr habt Euch im Alltag körperlich aus den Augen verloren? Dann ist diese Anleitung für Euch wundervoll.

Es ist also durchaus erlaubt, hier und da Griffe und Möglichkeiten, einzelne Übungen herauszupicken, statt alles in der Gesamtheit zu probieren. Das Buch gibt viele Anregungen, auch zum masturbieren.

Suche Dir, sucht Euch das schönste heraus – nimm' Dir hier ein Häppchen, ein Canapé vom Buffet, dort einen Aperitif - such Dir das passende heraus.

Cheers, Sex steht Dir!

Wie kannst Du das Buch nutzen?

Dieses Buch versucht jeden einzubeziehen, egal ob hetero-, homo-, oder transsexuell - egal ob in Beziehung, Single oder Polyamorie. Bitte fühl Dich nicht gekränkt, wenn ich Dich nicht korrekt anspreche. Mir fällt es im Schreibfluss oft schwer die Formen der Anrede korrekt beizubehalten und ich hoffe der Inhalt macht es wieder wett.

In erster Linie mag dieser Ratgeber inklusive seinem Übungsteil dazu dienen, Dich und das andere Geschlecht besser kennenzulernen. Dieses Buch wird Dir nur etwas bringen, wenn Du ins Üben kommst. Ins Experimentieren. Beschäftige Dich mit Dir, das ist die Grundlage dieses Buches. Denn wie in jedem Lebensbereich gilt auch beim Sex:

Alles beginnt mit Dir, alles beginnt bei Dir, alles beginnt in Dir. Deine innere Haltung, wie gut Du Dich selbst kennst und nicht zuletzt hängt die Gestaltung Deiner Beziehungen von Deiner Liebe zu Dir selbst ab.

Ich möchte Dich ermutigen, Dich zu lieben, im wahrsten Sinne des Wortes. Dich erstmal selbst, allein zu lieben, Dich anzunehmen wie Du bist, Dich schätzen zu lernen, statt zu mäkeln und dauernd verändern zu wollen. Im Zusammensein mit dem anderen verlieren wir zu oft den Bezug zu uns selbst, da wir abgelenkt sind. Den Fokus auf uns zu halten haben wir einfach nicht gelernt - zu schnell versuchen wir dem Gegenüber einen Gefallen zu tun, versuchen die Erwartungen zu erfüllen oder machen das, was gesellschaftlich eben so gemacht wird.

Sexualität hat sehr viel mit Leidenschaft und Lebendigkeit zu tun. Gelebte Sexualität, die hat zunächst NUR mit Dir zu tun, setzt Kräfte und Energie frei. Sie schenkt Dir Charisma und macht Dich glücklich. Sie ist Basis Deiner Lebensfreude.

Daher ist es absolut sinnvoll, erst einmal die Kapitel zu lesen, die Dich und Dein eigenes Geschlecht betreffen. Dann empfehle ich Dir wirklich, die Übungen durchzuführen und zu genießen. Ohne Druck, mit Leidenschaft und Leichtigkeit.

Später kannst Du Dich mit dem anderen Geschlecht beschäftigen. Bist Du in einer Partnerschaft? Wunderbar, kommuniziert, tauscht Euch aus, lernt über den anderen. Fangt an, Euch (wieder?) näher zu kommen, Euch neu zu erleben und vor allem nehmt Euch Zeit füreinander. Das ist das schönste Geschenk, dass Ihr dem anderen machen könnt.

Was Du hier mitnehmen wirst hängt ein wenig davon ab, was Deine Intention ist - schönerer Sex, multiple Orgasmen, überhaupt einen Orgasmus bekommen, Ejakulationskontrolle.

Die Übungen lesen sich vielleicht ab und an etwas technisch. Nimm es leicht, alles soll Spaß machen und keinen Druck erzeugen. Wenn etwas mal nicht klappt so ist das kein Drama. Vergleiche Dich vor allem nicht, schon gar nicht mit Berichten aus dem Internet. Nirgendwo wird so viel gemogelt wie beim Sex.

Kapitel 1

Allgemeines über die Sexualität

Sexualität im Alltag

Sex ist, wie fast alles andere im Leben nichts, was von allein passiert. Guter Sex möchte geübt werden, gerade in der heutigen Zeit, wo wir von so vielen Außeneinflüssen geprägt und manipuliert sind. Wundervoller Sex ist verbindend, erfüllend. Nicht nur für Beziehungen, auch als Single ist es wichtig und erfüllend, schönen Sex zu haben. Als Mann wie als Frau. Damit meine ich keine Affären, sondern Selbstbefriedigung, die auch ein Erlebnis sein kann und darf.

Am wichtigsten ist vorerst, von dem Leistungsgedanken weg hin zum Genuss zu kommen.

- Hoffentlich bin ich gut genug.

- Diesmal muss ich länger durchhalten.

- Wenn meine Frau keinen Orgasmus hat, habe ich versagt.

- Was, wenn andere Frauen aufregender sind.

Es gibt unzählige Glaubenssätze und Minderwertigkeitskomplexe die es verhindern, dass wir uns beim Sex wirklich fallenlassen, öffnen, und mitteilen, was uns gefällt.

Daher auch meine ernstgemeinte Bitte:

Denke immer daran, dass wir auch in sexueller Hinsicht so unterschiedlich sind wie unsere Fingerabdrücke. Und das gilt nicht nur für Dich, sondern für Deinen Partner oder Deine Partnerin gleichermaßen.

Geplanter Sex?

Gemeinsam statt einsam
Warum ein Buch für Männer und Frauen?

Dass Männer und Frauen anders ticken, ist kein Geheimnis. Spätestens seit dem Bestseller "Männer sind vom Mars, Frauen von der Venus."[1] Wir nutzen unser Gehirn anders. Wir haben andere Körper.

Frauen sind laut Forschung emotionaler, dafür können Männer abstrakter denken. Die Frau hat durch den Unterschied in den Chromosomen Schamlippen, Klitoris, Gebärmutter, Eierstöcke und der Mann Penis, Hoden, Samenstränge und die Prostata.[2]

Frauen brauchen im Vorlauf meist viel Vertrauen, müssen sich[3] dem Partner nah fühlen, damit sie sich öffnen können. Bei den Männern ist es häufig umgekehrt: Sie brauchen den Sex, um sich mit der Frau verbundener zu fühlen sagen Langzeitstudien. Natürlich gibt es wie überall Ausnahmen.

Ebenso scheint es beim Empfinden von Lust Unterschiede zu geben. Doch worüber die meisten sich einig sind: Sex ist wichtig für die Beziehung.

Die meisten Praktiken lassen sich allein erlernen. Selbststimulierung ist etwas, dass allein sehr gut funktioniert. Für gemeinsamen Sex ist eine Grundvoraussetzung das Vertrauen. Ich muss meinem Partner vertrauen können, dass er mich so nimmt und akzeptiert (im besten Fall liebt) wie ich bin.

Das Selbstvertrauen spielt auch eine große Rolle - wie sehr bin ich mit mir selbst einverstanden, wie groß ist meine Selbstliebe? Vor allem in der Sexualität zeigen wir uns verletzlich, wir sind sprichwörtlich nackt.

Sich öffnen und Neues zu probieren bedeutet auch Regeln aufzustellen, Grenzen zu setzen, nein sagen zu können. Sexualität zu lernen oder zu verbessern hat sehr viel mit Bindung und Verbindlichkeit zu tun.

Hier geht es um Vereinbarungen. Auch eine Art Verträge sind wichtig, die eingehalten werden sollten um zu gewährleisten, dass der jeweils andere sich fallenlassen und öffnen kann.

Der Bonus bei Paaren, die ihre Sexualität bewusst und aktiv angehen ist, dass sie höchstwahrscheinlich auch andere Konflikte nun einfacher in ihrer Kommunikation ansprechen können.

Viele Menschen haben leider starke Zweifel, die sie sich häufig nicht trauen anzusprechen oder auszusprechen. Sie scheuen sich, sich wirklich authentisch zu zeigen.

Es kann gut sein, dass Du das ein oder andere erst einmal allein testen möchtest.

Wenn Techniken gemeinsam, innerhalb einer Partnerschaft, ausprobiert werden, dann sollten beide vollkommen einverstanden sein.

Es ist absolut sinnlos, wenn Du versuchst einen Partner zu überreden, Übungen mit Dir gemeinsam zu machen. Die Grundlage ist der gemeinsame Wunsch etwas zu ändern, auszuprobieren. Etwas nur einem anderen zuliebe zu tun geht "meist in die Hose".

Es ist also wenig zielführend, wenn Du einem Partner zustimmst gemeinsam zu experimentieren oder zu "üben", nur um ihm einen Gefallen zu tun.

Oder Du hast momentan keinen Partner - auch das ist kein Grund, keinen Sex zu haben.

Sexualität soll in erster Linie Freude machen und nicht noch weiteren Druck erzeugen.

Zeit für Sexualität

Sex braucht manchmal einen Eintrag im Kalender oder zumindest eine feste Absicht, sonst wird es nichts. Besonders in langen Beziehungen oder wenn viel Alltagsstress die Zeit bestimmt ist es wichtig, Zeiten einzuplanen.

Es ist eine große Zahl von Menschen, die darüber klagen, dass der Sex in ihrer Beziehung fehlt - der Sexout ist ein Begriff, der dies spiegelt. Kein Sex obwohl man Sex möchte.

Da entsteht Stress, vor allem in Partnerschaften. Schuldzuweisungen, Wut, Frust und die Abwärtsspirale beginnt.

Die Erotik wieder ins Leben einzuladen ist ein aktiver Prozess - eine aktive Entscheidung. Rituale sind hier eine schöne Möglichkeit mit einem festen Eintrag im Kalender um wieder Gewohnheiten zu etablieren.

Denkst Du über Deine morgendliche Dusche oder über Dein Frühstück nach? Das sind auch Gewohnheiten, die Dir gut tun. Natürlich müssen beide Partner dies wollen.

Lass nicht den Stress Deinen Sex killen, sondern kille mit dem Sex Deinen Stress!

Mach was Dir gut tut, aber sei kein Seestern

Jeder Mensch hat einen anderen Fingerabdruck, jeder von uns hat andere Lippen, jede Frau eine andere Klitoris, jeder versteht unter gutem Sex etwas anderes.

Es gibt einfach keinen Maßstab den man anlegen könnte! Daher ist es so wichtig für Dich herauszufinden, was **Dir** guttut, was **Du** willst. Herauszufinden, was Dir allein guttut, aber auch was Dir beim Sex mit Deinem Partner oder Deiner Partnerin gut tut. Das kann für Dich heute Blümchensex sein, morgen BDSM.

Dein Gefühl für Sex kann sich sowohl bei verschiedenen Partnern, als auch in unterschiedlichen Lebensaltern enorm verändern. Leider sind wir ziemlich von unserer Gesellschaft, von unseren Eltern, Lehrern, der Werbung beeinflusst. Was war es mir früher wichtig darauf zu bestehen, dass ich Blümchensex schrecklich finde.

Einfach weil alle es langweilig fanden und öde. Dabei kann romantischer, kuscheliger Sex richtig großartig sein.

Ähnlich ging es mir jahrelang. Natürlich wollte ich nicht langweilig und öde sein. Kein Mauerblümchen. Eine meiner größten Ängste war dies. Was hat es mir gebracht

Viele Momente, die sehr unangenehm waren.

Als Folge kann es Dir also passieren, dass du Dich in Situationen wiederfindest, die Dir überhaupt nicht behagen so wie es mir oft ging. Situationen, in denen Du sexuell einiges mitmachst, was Dir überhaupt nicht guttut, Dir nicht gefällt.

Es ist so extrem wichtig, auf sein Körpergefühl und seine Intuition zu hören und Dich vor allem zu trauen, den Mund aufzumachen, zu sprechen, auszudrücken, wie es Dir wirklich geht.

Denn das macht guten Sex tatsächlich aus:

Du gehst auch auf den Partner ein, bist empathisch - zeigst was Dir gefällt und beobachtest den anderen. Gemacht wird, was beiden Spass macht, ob es nun grob ist oder romantisch und zärtlich, zu zweit, zu dritt, mit Fetisch, im Club oder zu Hause, das ist Euch überlassen. Es ist wichtig zu begreifen, dass es nicht um Moral geht, aber auch nicht um falsche romantische Vorstellungen.

Eine Bitte: Werde nicht zum Seestern. Du kennst den Seestern nicht? Das ist jemand, der im Bett da liegt, der sich nichts anmerken lässt und alles mit sich machen lässt.

Warum ist Sex so wichtig

Die amerikanische Forscherin und Paarberaterin Terri Orbuch berichtet aus ihrer Langzeitstudie, dass 75% glücklicher Paare berichten, dass sie mit der Sexualität in ihrer Beziehung zufrieden sind.

Dass ein erfülltes Sexualleben sich positiv auf die Beziehung auswirkt hängt damit zusammen, dass wir Sex eng mit unseren Gefühlen verknüpfen. Es gibt Menschen, die reizbar und aggressiv werden - andere fühlen sich ungeliebt.

Die aktivsten Altersgruppen in Deutschland sind die 25 – 29 jährigen.

Danach fällt die Aktivität stark ab. In diesem Alter haben Männer nach eigenen Angaben im Schnitt 60 Mal Vaginalverkehr pro Jahr (im Schnitt 1,2 Mal pro Woche), Frauen 47 Mal (im Schnitt 0,9 Mal pro Woche).

Danach sinkt die Häufigkeit stetig ab: Männer im Alter von 50 bis 59 Jahre haben demnach 34 Mal pro Jahr solchen Sex (im Schnitt 0,7 Mal pro Woche), Frauen 22 Mal (im Schnitt 0,4 Mal pro Woche). [4]

Das bedeutet im Klartext: Das ist nichts was von alleine läuft - Sex oder die sexuelle Aktivität nimmt im Alter ab oder wenn die Beziehung oder Ehe schon länger andauert.

Das heißt für uns alle, dass wir uns aktiv um unser Sexualleben kümmern müssen. Wir sollten hier lernen wie in allen anderen Lebensbereichen auch.

Diese Punkte denke ich sprechen für sich bzw. für den Sex:

Verbundenheit spüren

Ehepartner und Menschen in Beziehungen sagen mir regelmäßig, dass sich ihr Sexualleben direkt darauf auswirkt, wie geliebt sie sich fühlen vom Partner, wie nah sie sich dem anderen fühlen. Wenn Paare im Bett zufrieden sind, ist wahrscheinlicher, dass sie sich auch sonst im Leben besser miteinander fühlen.

Immunsystem

Aber nicht nur das. Es gibt auch einen direkten Bezug zur Gesundheit - das heißt, dass regelmäßiger Sex sich positiv auf Deine Gesundheit und Lebensfreude auswirkt. Das Immunsystem wird stimuliert!

Fettverbrennung

Der Testosteronspiegel wird erhöht und die Fettverbrennung angekurbelt, Muskeln werden aufgebaut.

Küssen gegen Karies

Sogar Küssen ist toll und fördert körpereigene Antikörper, die viele Krankheitserreger bekämpfen - zum Beispiel die Karieserreger.

Ausschwemmen von Keimen

Bei Männern reinigt der Samenerguss die Prostata, indem Keime mit ausgeschwemmt werden.

Achtung! Daher sind Kondome bei einer entzündeten Prostata auf jeden Fall angesagt, damit die Frau nicht damit infiziert wird. Natürlich sind auch in anderen Fällen Kondome möglicherweise angesagt!

Glücksstoffe

Ist der Mann gesund, dann sind Kondome nicht zwingend notwendig bzw. möglicherweise kontraproduktiv, da das Sperma psychotrope Stoffe enthält, die die Frau glücklich machen können. Natürlich nur, wenn Dinge wie Schwangerschaft bzw. Verhütung etc. geklärt sind.

Kopfweh

Weiterhin werden Endorphine ausgeschüttet, also Glückshormone - sie wirken gegen Kopfschmerzen und Gelenkschmerzen. Auch Selbstbefriedigung ist ein tolles Mittel bei Kopfweh.

Statt Schäfchen zählen

Erwiesenermaßen ist Sex auch ein tolles Einschlafmittel. Egal wie aufregend der Sex ist - Oxytocin wird ausgeschüttet und lässt muntere Männer in Sekunden neben der Frau schnarchen. Ich hörte aber auch, dass Frauen plötzlich schnarchen, mich eingeschlossen.

Je mehr Sex, desto gesünder ist die Person, sagt eine Studie aus Bristol.[5]

Sogar Sex-Phantasien sind schon gesund und auch Selbstbefriedigung hat einen ähnlichen Stellenwert wie der Sex mit dem Partner. Also keine Sorge, falls Du Single bist und momentan keine aktiven sexuellen Kontakte hast. Allein die Beschäftigung mit dem Thema und schönen Tagträumereien ist schon zuträglich!

Was allerdings zum Thema Sex gesagt werden muss: Der Sex sollte länger als ein paar Sekunden dauern! Sonst finden nämlich all die guten positiven Auswirkungen nicht statt. Es dauert ca. 20 Minuten, bis das Dopamin seine tolle Wirkung versprüht und Du beim Stressabbau unterstützt wirst. Ein Quickie bringt hier nicht viel.

Du findest auf www.bento.de wundervolle Bilder von Menschen vor und nach dem Sex. Du wirst erstaunt sein, wie deutlich der Unterschied ist und wie viel Lebendigkeit aus den Gesichtern strahlt. Einfach wunderbar! Und so ein guter Grund, an Deinem Sexleben aktiv zu arbeiten.

Das sind alles gute Gründe, sich aktiv mit dem eigenen Sexualleben auseinanderzusetzen. Denn Sex ist Lebensqualität. Sex ist mitverantwortlich für Dein Gefühl des Erfüllt-Seins in dieser Welt, für Deine positive Grundhaltung.

Was genau ist ein Orgasmus?

Der Orgasmus selbst hat 4 Phasen:

Phase 1 - die Erregung

Du bekommst Lust auf Sex, der Körper reagiert, ist erregt. Das ganze beginnt im Kopf und es reicht häufig ein Blick oder eine sanfte Berührung. Die Genitalien werden besser durchblutet, die Klitoris schwillt an. Beim Mann können erste Tropfen aus dem Penis austreten.

Phase 2 - Plateauphase

Bei der Frau wird der obere Teil der Vagina verschoben, ebenso die Gebärmutter, um Sperma aufnehmen zu können. Die Brust schwillt an, Brustwarzen werden hart. Beim Mann zieht sich das Loch der Eichel zusammen, damit kein Urin austritt. Auch der Hoden wird härter. Beim Mann und der Frau ziehen sich die Häutchen von der Klitoris und die Vorhaut der Eichel zurück.

Phase 3 - Orgasmusphase

Der Mann ejakuliert, er spritzt ab wie man so schön sagt. Bei der Frau kommt es zu einer Kontraktion der Muskel in der Vagina. Die Muskulatur kontrahiert rhythmisch in Intervallen von 0.8 Sekunden. Auch die Muskulatur am Anus zieht sich zusammen.

Die Eichel als auch die Klitoris sind beim Orgasmus meist überempfindlich.

Phase 4 - Rückbildungsphase

Der Körper entspannt sich und die Erregung geht gegen Null.

Was ist ein multipler Orgasmus?

Du kommst mehrmals hintereinander. Du bleibst, so sind auch die Übungen in diesem Buch gedacht, auf einem hohen Niveau der Erregung, das Du wie auf einer Treppe Stufe für Stufe erreicht hast.

Mehrfach-Orgasmen fühlen sich nach längerem Üben wie ein einziger langer Orgasmus an. Denn Orgasmen, lange Orgasmen und auch mehrere Orgasmen hintereinander zu haben ist erlernbar.

Die Schlüssel: Beckenbodentraining, das Training für den PC (das kommt später) und das gezielte Masturbieren

Sex im Alter?

Solltest Du schon etwas älter sein, und damit meine ich 60/70/80 Jahre, ist diese Lektüre für Dich nicht ungeeignet, aber möglicherweise brauchst Du *noch andere, weiterführende Tipps und Übungen,* die mehr auf das Thema Libido oder Gesundheit (Diabetes, Menopause, Bluthochdruck) eingehen.

Diese werden hier nicht behandelt, da dies den Rahmen des Buches sprengen würde. Doch Sex im Alter ist selbstverständlich genauso wichtig und wunderbar wie in jedem anderen Lebensalter auch!

Lass mich nur noch kurz auf das Thema "Blaue Pillen" eingehen:

Es gibt gesündere, schönere Alternativen, die den Körper nicht zusätzlich belasten. Auch ein Thema für ein weiteres Buch!

Dass Sex im Alter unmöglich oder weniger lustvoll ist, ist ein Ammenmärchen. Leider ist Sex ja ohnehin ein Tabuthema, Sex im Alter ist es erst recht.

Doch genau das Gegenteil sollte der Fall sein - wir können von älteren Menschen (zu denen ich ja mittlerweile auch gehöre) und ihrem Sexleben sehr viel lernen.

Zum Beispiel, was die Leichtigkeit angeht.

Der Druck, besonders gut sein zu müssen oder dem anderen zu gefallen schwindet. Das macht den Sex ungleich genussvoller. Der Stress mit der Verhütung fällt auch weg, kleine Kinder stören nicht das Vergnügen.

Allein der Körper möchte vielleicht nicht mehr so wir wollen, aber das soll nicht Thema dieses Buches sein. Und für alles, wie wir wissen, gibt es eine Lösung.

Kapitel 2

ABC der Anatomie

Der Mann

Das beste Stück - der Penis

Das Thema, das den meisten zuallererst in den Kopf kommt zum Thema Penis: Die Größe.

Die meisten Männer haben eine Penisgröße von 12 - 15 cm, einen Durchmesser von 3,5 cm. Und natürlich gibt es darunter und darüber nichts Unmögliches.

Der Penis ist ein Körperteil mit zwei Funktionen - wobei von der Anatomie her der Penis drei Schwellkörper vorzuweisen hat. Für den Sex sind zwei davon gedacht.

Die Schwellkörper und die berühmte Morgenlatte

Die im Penis befindlichen Schwellkörper füllen sich mit Blut und bauen so einen gewissen Druck auf, sodass eine Erektion (Aufrichtung) sichtbar wird. Auch die Klitoris der Frau kann eine Erektion haben!

Die Harnröhre liegt im dritten Schwellkörper. So kommt z.B. die Unfähigkeit bei der Morgenlatte zustande, bei der der Mann nicht urinieren kann. Dieser dritte Schwellkörper geht in die Eichel über.

Wann und warum die Schwellkörper ihren Dienst verrichten, hat mit dem Sympathikus zu tun, was auch gut ist. Denn eine

Dauer-Erektion wäre weder für Dich als Mann noch für die Umwelt angenehm.

Jedes andere Organ im Körper wird natürlich permanent durchblutet, doch der Sympathikus hemmt dies beim Penis.

Erst bei sexuellen Reizen werden Nachrichten ans Hirn weitergeleitet und der Parasympathikus löst die Arbeit des Sympathikus ab. Der Befehl "Blut Marsch" wird aus dem Rückenmark an die Arterien gegeben.

Die Schwellkörper saugen sich voll und der Druck im Penis steigt. Psychische Reize lösen dies ebenso wie anfassen aus, also mechanische Reize.

Beim Orgasmus meldet sich wieder der Sympathikus und die Gefäße, die das Blut zuführen, verengen sich wieder. Schuld sind die Hormone Oxytocin und Prolaktin.[6]

Der Helm

Die Eichel wird auch manchmal als Penishelm[7] betitelt und ist von der Vorhaut bedeckt. Außen ist sie durch ihre Hornhaut recht robust, innen weich und sensibel und sehr berührungsempfindlich. Hier liegen tausende Tastkörperchen, die schon bei flüchtigen Berührungen reagieren. Die Vorhaut mündet im Penisbändchen, das noch sensibler ist als die Vorhaut.

Die Hoden

Unter bzw. hinter dem Penis findet sich der Hodensack (Skrotum), hierin zwei Drüsen in einem Sack, die das Sperma produzieren. Hinter dem Skrotum Richtung Anus findet sich die Prostata, auch eine Drüse. Diese umschließt die Harnröhre im Körper. Sie produziert die klare Flüssigkeit, die vor der Ejakulation ausgestoßen wird und in der die Spermien schwimmen. Die Hoden ziehen sich bei sexueller Erregung nah an den Körper. Die Ejakulation gelingt erst, wenn sie ganz dicht am Körper sind. Dieses Wissen ist essentiell für die Ejakulationskontrolle.

Die Prostata

Ähnlich dem G-Punkt der Frau ist die Prostata höchst empfindlich und reagiert auf Stimulation. Die Erregung des Mannes lässt sich hier gut steigern und Erhöhen, indem man einen Finger in den Po einführt. Auch Druck auf den sogenannten Damm kann die Erregung erhöhen. Nicht jeder Mann ist davon begeistert, doch die meisten empfinden es als erregend. Also vorsichtig testen.

Die Frau

Der Venushügel

Das ist der Teil direkt oberhalb der Vulva. Sein Beginn ist dort, wo die äußeren Schamlippen sich vorne treffen. Also die Stelle, wo ab der Pubertät die Behaarung sich ausbreitet, die wir heute penibelst entfernen. [8]

Die Vulva

Die Vulva ist nicht dasselbe wie die Klitoris, auch wenn viele das glauben. Die Vulva, das sind die "Schamlippen", wobei ich diesen Ausdruck unglücklich finde, denn es gibt hier nichts zu schämen.

Zur Vulva gehört der Venushügel mit seiner Behaarung. Weiterhin die äußeren und inneren Lippen. Der Vorhof um die Vagina und die Harnröhrenöffnung haben nicht die Reizrezeptoren der Klitoris, sind also längst nicht so empfindlich und erregbar.

Die Vagina

Die Vagina ist kein Teil der Klitoris. Die Vagina ist das Teil des weiblichen Fortpflanzungssystems. Die Vagina selbst dient zum Geschlechtsverkehr und zur Geburt eines Kindes.

Die Klitoris

Die Klitoris ist nicht nur eine *Perle* oder *Erbse*. Sie ist ein recht umfangreiches System von Organen. Sie beginnt mit ihren sichtbaren Teilen da, wo die äußeren Schamlippen zusammentreffen - am unteren Ende des Venushügels.

Die Klitoris schwillt bei der Frau an, wenn sie sexuell erregt ist – oft sogar auf doppelte Größe kurz vor dem Orgasmus zieht sich die Klitoris nach innen. Sie hat ebenso wie der Penis eine Eichel und hat bis 8.000 Nerven-Endungen, viel mehr als jedes männliche Geschlechtsteil und ist hypersensibel. Ihre Aufgabe ist einzig und allein die Lust.

Die kleinen inneren Lippen, zwei kleine feuchte Flügelchen, bedecken die sogenannte Perle, hier sind auch die Öffnung der Harnröhre und der Vagina. Betty Dodson, Sexpertin und Künstlerin, schreibt: "Sie sind wie Schneeflocken", sagt sie „Jede einzelne ist einzigartig und wunderschön."[9]

Der G-Punkt

Der Name des G-Punktes stammt von dem deutschen Gynäkologen Ernst Gräfenberg.

Dieser machte 1944 folgende Entdeckung:

Eine kleine Stelle, die sich an der oberen Scheidenwand der Frau befindet, lässt sich so stimulieren, dass diese einen sehr ekstatischen Orgasmus erlebt. Der Orgasmus wird nicht von jeder Frau als wundervoll erlebt, doch jede hat ihn.

Wenn Du als Frau Deinen Finger in die Scheide einführst, den Finger leicht hoch hebst oder drückst, also damit meine ich: in Bauchrichtung streckst, dann wirst Du ein Stückchen Haut entdecken, das sich etwas rauher anfühlt als der Rest.

Hier ist er!

Wenn Du hier reibst und das Gefühl bekommst, dass Du urinieren musst, bist Du richtig.

Du musst nicht zur Toilette, das ist hier nicht die Blase, doch es fühlt sich zunächst so an.

Probiere einfach aus, ob sich ein Wohlgefühl einstellt wenn du weitermachst.

Du kannst auch an der Bauchdecke von außen etwas gegen drücken um das das Gefühl zu intensivieren.

Achtung, daneben liegt die Harnröhre, die zu starke Reize nicht mag. Wie gesagt - nicht jede Frau mag es, die wenigsten kennen ihn überhaupt. Und Achtung: Dieser Punkt, wenn er stark gereizt wird, kann dazu führen, dass Du eine Flüssigkeit ausstößt. Dies ist dann kein Urin, es kann aber eine gewaltige Menge sein, die Deine Unterlage durchnässt. Daher wird gesagt, dass auch Frauen ejakulieren können.

Ähnlichkeiten bei Mann & Frau

Natürlich sind Penis und weibliche Geschlechtsorgane unterschiedlich, aber dennoch lassen sich Ähnlichkeiten feststellen, die erstaunlich sich. Sie ergänzen sich wunderbar. Der Ursprung liegt im gleichen Gewebe, wenn der Fötus sich im Mutterleib entwickelt. Hoden und Schamlippen entwickeln sich aus dem gleichen Teil, ebenso wie der Schaft der Klitoris und der Penisschaft.

Das Geschlecht ist nicht zu erkennen, wenn der Embryo 2 Monate alt ist - lediglich wenn der Embryo weiterhin 2 X-Chromosomen hat bleibt er weiblich.

"Über 2500 Jahre lang wurden die Klitoris und der Penis als in der jeder Hinsicht gleichwertig angesehen, abgesehen von ihrer Lage.

Nach dem 18. Jahrhundert wurde dieses Wissen allerdings nach und nach unterdrückt und vergessen und die Definition der Klitoris schrumpfte von einem ausgedehnten Organsystem zu einem winzigen, erbsengroßen Knubbel."[10]

Eichel der Klitoris

Eichel der Klitoris und Peniseichel ähneln sich, was wirklich interessant ist zu wissen, wenn man sich die Ähnlichkeit der Erregungszustände verdeutlicht.

Vielleicht hast Du schon gehört, dass die meisten Frauen beim Orgasmus mehr Reize brauchen, als die reine Stimulation durch den Penis beim Geschlechtsverkehr.

Denn der Penis hat das Glück, dass er hier direkt an seiner empfindlichsten Stelle gerieben wird, die Frau bekommt hier innen aber nur eine indirekte Stimulation - logisch oder?

Wenn also die Klitoris mit erregt wird, ist der Sex für die Frau viel angenehmer oder sagen wir genussvoller. Der *Penis-in-der-Vagina-Sex* ist also nicht das Nonplusultra sexueller Aktivität.[11] Wir Frauen mögen die Klitoris-Stimulation - zumindest die meisten Frauen sind dann mehr erregt.

Beim Mann und der Frau finden wir den sogenannten Schambein-Steißbein-Muskel, der *Musculus pubococcygeus (lat.)*, der gemeinsam mit anderen die Geschlechtsorgane im Becken umgibt, er wird auch kurz *PC*[12] genannt.

Wird er trainiert - und er kann sehr gut trainiert werden, wie Du später im Buch im Praxisteil noch erfahren wirst, erhöht er die Gefühlsintensität beim Sex.

Trainierst Du als Mann diesen Muskel, kannst Du den Samenerguss verzögern oder verhindern und so länger mit Deiner Partnerin schlafen. Als Frau erhöhst Du die Zeit der Orgasmusfähigkeit.

Dieser Muskel findet besonders im Tantra oder in Taoistischen Sexualpraktiken Beachtung, wo es darum geht, den Geschlechtsakt und die Orgasmen zu verlängern. Denn ihn zu trainieren macht für Deine Sexualität eine besondere Qualität aus.

Kapitel 3

Praxisteil – es geht zur Sache

Übungen – allein

Mann & Frau: Training für den PC

Nein es geht hier nicht um Deinen Computer - der PC ist ein spezieller Muskel, dem Du wirklich viel Aufmerksamkeit schenken solltest. Wenn Du aufmerksam gelesen hast, dann hast Du schon im vorigen Kapitel einiges über ihn erfahren.

Wie bei allen Muskeln ist es so, dass je mehr Du einen Muskel trainierst, je besser Du ihn kontrollieren kannst.

Er wird auch besser durchblutet sein, was sich wiederum auf die Durchblutung der Genitalien positiv auswirkt. Du wirst mit einem gut trainieren PC höchstwahrscheinlich mehr Lust beim Sex haben, mehr Freude.

Die Übungen für den Muskel können von Frauen und Männern gleichermaßen ausgeführt werden.

Übungen – Stop and Go

Am besten findest Du besagten Muskel, wenn Du dringend zur Toilette - urinieren - musst. Du übst am besten direkt auf der Toilette.

Nur für die Frau:

Um zu üben, musst Du erstmal "aufs Klo müssen". Setz Dich dann möglichst entspannt auf die Toilette, mache Deine Beine etwas auseinander, starte mit dem urinieren und halte den

Strahl dann an. Dann stoppst Du wieder, und dann machst Du weiter, an und aus sozusagen. Die Beine bleiben am besten still - entspanne Dich so weit es geht.

Nur für den Mann:

Beim urinieren stoppst Du genau wie die Frau; Du unterbrichst einfach den Strahl. Danach beginnst Du mit den Trockenübungen. Vielleicht kennst Du es auch, dass am Ende Du den letzten Tropfen Pippi rausdrücken mußt mit Kraft... wenn Du dann presst, das ist auch der PC, den Du hier spürst.

Variiere in der Geschwindigkeit, mal ganz langsam anhalten, loslassen - anhalten, loslassen - anhalten, loslassen - und dann wieder ganz schnell hintereinander als würdest Du hecheln.

Und auch das Pressen übst Du - Du wirst hierbei merken, dass der Anus sich anspannt und entspannt.

Es gibt 3 Varianten!

1. Das langsame Anspannen und anhalten.

2. Du kannst auch langsam bis 3 zählen.

3. Das Anspannen und Loslassen in schneller Folge und drittens das drücken oder pressen als müsstest Du "groß", hier spürst Du Deinen Anus.

Wie oft Du üben solltest

Diese Übung kannst Du 10 x hintereinander machen. Und zwar werden alle 3 Variationen geübt, am besten 5 x am Tag - diese Schlagzahl kannst Du dann im Laufe der Zeit noch steigern.

Du kannst so lange **5 Einheiten pro Woche** zufügen, bis Du bei **30 x 30 Übungen** angekommen bist - das empfehlen zumindest Alan P. und Donna J. Brauer[13].

Woher die Zeit nehmen fragst Du jetzt bestimmt - doch hier die phantastische Nachricht: Du kannst die *Übungen wirklich überall machen.* Auf der Toilette testest Du ja nur, wo der Muskel ist.

Orte an denen Du gut üben kannst

Die Übungen selbst werden als "Trockenübungen" im wahrsten Sinne durchgeführt und das geht überall:

- an der Ampel
- beim Zähneputzen
- in der Warteschlange
- im Bus
- im Büro
- im Wartezimmer beim Arzt
- beim Autofahren

Du siehst also, Du musst Dir im Grunde keine extra Zeit einplanen. Du kannst wirklich überall üben. Nur denken musst Du dran!

Mach Dir vielleicht Post Its an die Stellen in der Wohnung, wo Du häufig vorbeikommst oder stelle Dir den Handy-Wecker mit Erinnerungen.

Anfänglich wirst Du möglicherweise sagen: "Das klappt nie, ich kann ihn einfach nicht anziehen bzw. richtig anspannen, ich fühle gar nichts!"

Doch versprochen: Übung macht den Meister!

Du kannst auch während des Übens als Frau etwas einführen, einen Finger oder z.b. ein Jade-Ein oder einen Vibrator. Denn so wirst Du noch schneller Erfolge spüren.Für Dich als **Mann ist der Sofort-Effekt,** dass schon das Üben des Pressens dazu beiträgt, die Ejakulation zu stoppen oder zumindest aufzuhalten. Das Hochziehen ist schon fast für Fortgeschrittene und tatsächlich ein echter Booster für Deine Sexualität.

Mann: Training für Deinen Hoden

Bei den Taoisten gibt es tolle Übungen ganz speziell für die Hoden.

Mantak Chia[14] hat viele Seminare dazu gegeben!

Da es für die Ejakulation notwendig ist, dass die **Hoden ganz nah an den Körper** hochgezogen werden, kannst Du mit Hilfe der Kontrolle über den PC-Muskel Deine Hoden bewusst heben und senken. Wenn die Hoden nicht angehoben sind, also an den Körper heran, dann ist eine Ejakulation auch nicht möglich bzw. verzögert. Und nicht nur um die Ejakulation zu verzögern ist es toll, sondern es wird auch die Erektion steigern und die Erregung Erhöhen.

Wenn das kein tolles, lohnendes Ziel ist. Es ist selbstverständlich kein Muss, um den Orgasmus zu verlängern, aber äußerst hilfreich und schön auf dem Weg dahin.

Die Ejakulation heraus zu zögern ist sinnvoll, um einen Orgasmus zu verlängern.

Du wirst Übung brauchen, um die Muskeln so weit zu trainieren, dass es auch wirklich funktioniert.

Um dies erreichen zu können ist es vorher wichtig, alle erforderlichen Muskeln, die beim Sex beteiligt sind, zu spüren und zu lokalisieren.

Anfänglich wirst Du Deine Unterbauchmuskulatur insgesamt anspannen müssen, da noch keine Differenzierungsfähigkeit da sein wird. Das kommt erst mit der Zeit.

Hilfestellung zum Erspüren der Hodenbewegung

Fällt es Dir schwer zu spüren, ob die Hoden sich nach unten oder oben bewegen? Das ist am Anfang wirklich ganz normal und dauert wie gesagt seine Zeit.

Nimm in diesem Fall doch gern einen Spiegel zur Hilfe und schau, was sich tut. Du kannst auch selbst Hand anlegen mit Daumen und Mittelfinger, die Du vorsichtig um Deinen Hoden legst.

Wenn Du nun den Hodensack leicht nach unten ziehst, dann fühlst Du, wenn die Hoden sich schon einen Millimeter bewegen gegen den Zug Deiner Hand.

Ziel ist es, mit der Zeit durch die Muskulatur schneller heben und senken zu können. Dafür braucht es eben das Training - am Arm kommt uns das ganz natürlich und logisch vor.

Die beste Haltung ist im Stehen, aber Du kannst es auch probieren, wenn Du auf einer Stuhlkante sitzt. Ein guter, fester Stand mit schulterbreitem Abstand zwischen den Füßen ist auch okay. Wenn Du unsicher bist und kein gutes Körpergefühl hast, wirf mal einen Blick in den Spiegel.

Und wenn er steht?

Das ist gut, denn Du übst mit Erektion UND ohne Erektion. Deine Partnerin darf Dir hier gern schon assistieren - das kann für Euch beide, wenn Du eine Partnerin hast, eine schöne Übungseinheit sein.

Starker Körper, toller Sex

Generell ist es gut, seine Muskeln zu trainieren. Nicht nur die Muskeln "da unten" sollten trainiert werden - ein durchtrainierter Körper fühlt sich besser an, trägt zu einem besseren Selbstbild und besserer Kondition bei.

Kondition ist ein wichtiges Thema beim Sex. Und zwar meine ich dies in jeglicher Hinsicht. Denn nicht nur geht es darum, genügend Atem zu haben, sondern auch beim Verwöhnen des anderen dafür zu sorgen, dass die Armmuskulatur beispielsweise nicht schlapp macht, wenn Penis oder Vagina/Klitoris gestreichelt und erregt werden.

Es ist also ganz gut, wenn Du regelmäßig Sport machst und Deine Kondition als auch Deine Muskulatur des ganzen Körpers durchtrainierst.

Es hat also gleich mehrere Vorteile, wenn Du regelmäßig Sport machst! Ein Grund (wieder) damit zu beginnen, falls Du in letzter Zeit nicht besonders motiviert warst.

Vorbereitung zum Schäferstündchen

Das Schäferstündchen kommt übrigens aus einer Dichtung, die sich auf das Leben von Hirten bezog. In Deutschland ist der Begriff 1711 zum ersten Mal aufgetaucht, um eine intime erotische Begegnung zu beschreiben.[15]

Es ist hier völlig egal ob Du in der Phase der Selbstbefriedigung bist oder mit Deinem Partner liebevolle Stunden erlebst. Erstens sollten diese wundervollen Stunden einen Platz in Deinem Terminkalender haben, einen festen Platz.

Nimm Deine Sexualität wichtig, sie ist ein wichtiger Punkt eines erfüllten Lebens und energetisierend. Du wirst Dich lebendiger, frischer, geliebter, erfüllter fühlen. Das sind essentielle Gründe oft Sex zu haben, regelmäßig.

Und auch wenn Du Single bist oder momentan einen Partner, der nicht bereit ist, Dich körperlich zu lieben: Nimm Deine Bedürfnisse ernst und nimm Dir auch alleine den Raum, den Du Dir zu zweit geben würdest.

Das heißt konkret: Sorge für eine optimale Umgebung.

Die optimale Umgebung:

- Türklingel ausstellen

- Handys ausstellen

- Kinder woanders unterbringen

- Nachbarn ignorieren

- Aufgeräumtes Schlafzimmer

- Unerledigtes notiert, um nicht darüber nachdenken zu müssen

- Telefon abstellen

- Haustiere aussperren

- Vorhänge zuziehen

Die optimale Vorbereitung

Ich hatte es schon erwähnt: Hygiene und Entspannung. Nutze doch die Zeit und lege Dich gemütlich in die Badewanne, zumindest aber solltest Du Dir Zeit für eine Dusche nehmen. Stress, der Alltag, alles hat so die Chance, abgewaschen zu werden um nicht wie ein unliebsamer Besucher mit in die Liebeszeremonie hinein zu geraten.

Lass Dir vom warmen Wasser Verspannungen nehmen, atme tief durch und freu Dich auf Dein sinnliches Erlebnis. Auch ein schöner Duft in der Wanne oder eine schöne Creme danach können Dich weiter entspannen.

Düfte

Es gibt wundervolle Düfte, die Dich in der Sinnlichkeit oder auch Deine Libido unterstützen können. Es gibt bald ein Buch dazu von mir, denn das Thema ist sehr umfassend. Nur kurz:

Entspannend ist das allseits bekannte Lavendel, Melisse, auch Zedernholz oder Kamille.*Für die Erotik* nutze am besten Rose, Ingwer, Jasmin, Patchouli oder auch Ylang- Ylang.

Deine Hände

Du solltest wirklich unbedingt weiche, gepflegte Hände haben und vor allem kurz gefeilte Nägel.An der Vulva, der Vagina und auch an Deinem Anus kannst Du Dich ganz empfindlich und unangenehm verletzen, wenn die Nägel nicht gefeilt sind.

Schöne Musik

Bist Du jemand der gern Musik hört? Dann suche Dir etwas Schönes heraus, dass Dich stimuliert aber nicht zu sehr ablenkt. Natürlich hat jeder einen anderen Geschmack und ich kann Dir hier nicht wirklich etwas empfehlen, doch nimm am besten etwas, dass Dir erlaubt, den Fokus auf Dich selbst oder Deinen Partner zu richten.

Pornographische Filme, Literatur

Stimulieren erlaubt. Wenn Du Dich ohnehin gern mit Filmen oder Bildern auch schönen Geschichten stimulierst, dann mach das gern. Wenn Du allein bist dann das, was Du magst - in einer Partnerschaft sollte natürlich der Inhalt beiden gefallen. Allerdings empfehle ich hier auch, sich nicht nur stimulieren zu lassen, sondern sich auch auf den Partner zu fokussieren.

Der Partner sollte im Mittelpunkt stehen, nicht die Aktion anderer Menschen. Zumindest nicht in dem Kontext dieses Buches.

Thema Zeit

Bitte nimm Dir ausreichend Zeit. Ich weiß, dass wir in unserer Gesellschaft alles möglichst schnell erreichen wollen und am besten in einem 3 Schritte Programm. Doch die Beschäftigung mit Dir selbst sollte etwas sein, das Du nicht hoppla-hopp erledigst. Ich halte weder etwas von Instant-Meditation noch von Multi-Tasking. Lass Dir soviel Zeit wie Du magst und genieße die Zeit.

Selbstbefriedigung

*"Moral ist ein ständiger Kampf gegen
die Rebellion der Hormone"*

Federico Fellini

In der ersten Zeit ist es sinnvoll, dass Du Dich mit Dir selbst beschäftigst bevor Du mit Deinem Partner oder Deiner Partnerin gemeinsam übst. Entdecke Dich selbst erst einmal neu, genieße Dich allein, starte mit den Übungen im Buch.

Es geht darum, zu erkennen was Du wirklich fühlst und liebst, wie Du Dich fühlst, wenn Du berührt wirst. Dies geht am besten zunächst ohne Ablenkung durch einen Partner. Beziehe Dich nicht sofort wieder auf eine andere Person, sondern übe erst einmal Achtsamkeit Dir selbst gegenüber.

Vielleicht kennst Du den Ausspruch, dass Du einen anderen nur lieben kannst, wenn Du Dich selbst liebst. So ist es auch bei der Sexualität. Und ein weiterer Vorteil ist, dass Du mit dem Partner nicht sofort zu alten Gewohnheiten übergehst und den Sex hast, den ihr immer hattet. Es geht ja darum, neue Gewohnheiten zu etablieren.

Kommt es Dir komisch vor, Dich selbst zu befriedigen, wenn Du einen Partner / eine Partnerin hast? Dich selbst zu erforschen? Sich selbst Streicheleinheiten zu gönnen sollte nichts sein, wofür man sich schämt, sondern hat mit Selbstliebe zu tun.

Lustvoll den ganzen Körper erforschen, nicht nur die Genitalien, alles tun, was sich gut anfühlt, massieren, streicheln und zwar bewusst und achtsam.

Es geht hier nicht darum, ein Programm der schnellen Selbstbefriedigung ablaufen zu lassen und möglichst schnell zu kommen. Es geht um Achtsamkeit.

Wenn jeder von Euch sich selbst besser kennenlernt, ist die Chance größer, dass Ihr beide wieder **mehr in die Selbstliebe** kommt, um den anderen wieder mehr zu schätzen. Lerne erst Dich selbst besser kennen, jeden Zentimeter Deines eigenen Körpers.

Fragen die Du Dir stellen kannst:

- Was gefällt Dir am besten?

- Wo am Körper magst Du Berührungen.

- Was heißt es für Dich, zu spüren?

- Wie fühlst Du Dich in der Badewanne und wie fühlt sich Dein Körper dort an?

- Was sind Deine erogenen Zonen? Wo bist Du empfindlich?

Mach es Dir gemütlich und fange an, Dich selbst wieder zu entdecken. Du darfst erst einmal Dir selbst näherkommen, zärtlich und genussvoll, bevor Du Deinen Partner kennenlernst. Neu entdeckst oder ihn oder sie wiederentdeckst.

Ich hoffe Du findest es albern, wenn ich jetzt darauf hinweise, dass Deine Hände und Finger sehr sauber und eventuell desinfiziert sein sollten, wenn Du Dich auf den wundervollen Weg zur Entdeckung Deiner Sexualität machst. Besonders für uns Frauen ist dies wirklich wichtig. Ich erwähne es der Vollständigkeit halber und gehe davon aus, dass Du auch in hygienischer Hinsicht gut für Dich sorgst.

So macht ER es sich selbst

Worum es geht ist, ich wiederhole es, neue Gewohnheiten zu etablieren und neue Muskelgruppen zu stimulieren und zu trainieren.

In der Zeit in der Du Dich Dir selbst widmest, solltest Du mehrmals einem Orgasmus ganz nahekommen, ohne zu kommen. Also immer nur kurz davor! Und dann stoppen.

Gleitmittel

Schön ist es Gleitmittel zu verwenden. Du kannst es auf Deinem Penis verteilen, auf dem Skrotum und dem Damm.

Alternativ geht natürlich auch ein schönes reines Öl oder einfach Spucke. Das Skrotum ist ein etwas hartes Wort für die Hauttasche mit den zwei Fächern, in denen Deine beiden Hoden liegen.

Wie – Techniken

Du verwöhnst Dich am besten auf unterschiedliche Art und Weise - probiere doch mal neue Handlungen und Techniken. Dinge, die Du nie probiert hast, aber immer mal machen wolltest. Sei mutig, experimentiere, lasse Deine Phantasie spielen.

Hilfsmittel

Gern kannst Du auch Hilfsmittel verwenden, einen Vibrator für den Punkt der Prostata, Pornographische Bilder oder Videos.

Kurz vor dem *Point of No Return*, also kurz bevor Du kommst, stoppst Du und streichelst Du Dich nur noch. Es geht darum, dass es Du es schaffst, eine halbe Stunde ohne Ejakulation in der Erektion16 zu bleiben.

Du streichelst Dich weiter ohne zu kommen und fängst nun auch an, Deine Prostata einzubeziehen. Vielleicht hast Du schon gehört, dass sie ein wirklich lustspendendes Organ sein kann. Nicht jeder Mann mag es, doch es lohnt sich, dies zu probieren.

Keine Scheu, beim testen bist Du ja zunächst allein.

Der richtige Punkt der Prostata

Es wird möglicherweise nicht sofort klappen mit der Kontrolle Deiner Ejakulation, aber im Laufe der Zeit kannst Du Dich mehrmals ganz nah an Deinen Orgasmus bringen, ohne zu ejakulieren. Das übst Du mit den Techniken ein und Du wirst sehen, es wird von Mal zu Mal besser funktionieren.

Du findest den richtigen Punkt innen als auch von außen.

Hier brauchst Du zunächst den äußeren Punkt.

Außen befindet er sich zwischen Deinem Anus und der Rückseite Deines Skrotums - siehe oben, das ist nicht der Hoden sondern der Hodensack, das Hautsäckchen um die Hoden. Es wird später darum gehen, den Punkt zu drücken, und zwar nicht zu zart.

Damit meine ich, dass Du diesen Punkt auf dem Perineum, dem Damm, drückst, den ich oben schon beschrieben habe um die Ejakulation hinauszuzögern oder Deine Gefühle zu verstärken.

Es ist genau die Stelle zwischen Anus und hinter dem oben genannten Skrotum, des Säckchens, in dem die Hoden liegen.

Nimm einen oder mehrere Finger, probiere aus was sich gut anfühlt und bequem ist für Dich. Du solltest nicht zu zart sein, sondern einen etwas stärkeren Druck auf diesen Punkt ausüben - dies wirst Du später auch in kurzen Zeitabständen machen, als wolltest Du Seife aus einem Seifenspender drücken. Also rhythmisch.

Egal ob Du Rechts- oder Linkshänder bist, ob Du es Dir normalerweise mit der rechten oder linken Hand machst, schau was hier gemütlicher ist. Für das Ergebnis ist es egal.

Teil 1 Ejakulations-Kontrolle

Ziel und Dauer der Ejakulationskontrolle

Phase 1: Erektion ohne Ejakulation für 15 Minuten

Phase 2: Erektion ohne Ejakulation für 30 Minuten

Du kannst davon ausgehen, dass es gut 2 - 3 Wochen dauern wird, oder im ungünstigen Fall länger, bis es klappt. Aber wie immer: Der Weg ist das Ziel - genieße es und setze Dich nicht unter Druck.

Im vorigen Kapitel habe ich schon über die Selbstbefriedigung geschrieben und das dies eine ernstzunehmende Übung ist. Das bedeutet, dass Du es Dir wert sein solltest, für ein schönes Umfeld und ausreichend Zeit zu sorgen.

Und dann kann es - neben den oben genannten Erforschungen Deines Körpers, auch schon losgehen an den essentiellen Körperteilen - Penis, Hoden und Prostata- Punkt.

Prostata

Starte also Deine Selbstliebe-Sitzung. Hast Du eine richtig harte Erektion? Dann geht es jetzt los.

- Halte Deine Erektion 1 - 5 Minuten.[17]

- Streichle Deinen Penis.

- Drücke **gleichzeitig** Deinen Prostata-Punkt (PP).

- Presse den PP wie einen Seifenspender, rhythmisch.

- Der Penis wächst durch die Blutzufuhr an und pumpert.

Wenn Du das Gefühl hast, dass Du gleich kommst:

- *Höre auf Deinen Penis zu streicheln.*

- *Drücke pumpend auf den PP oder*

- *Übe konstanten Druck aus auf den PP.*

Der Hodensack

Ist Dir der PP unangenehm? Dann gibt es eine Alternative, nämlich den Zug am Hodensack. Du kannst auf zwei Arten ziehen, einmal unten ziehen oder oben schieben.

Nimm Deinen Hodensack - und zwar kannst Du ihn zwischen den Eiern greifen. Daumen und Zeigefinger halten die Haut und kurz vor Deinem Orgasmus ziehst Du mit Kraft, bevor Du kommst, nach unten ziehen. Und zwar ziehst Du den Sack vom Körper weg. Du kannst mit Daumen und Zeigefinger auch einen Kreis bilden. Du bringst die Finger über den Hoden, und ziehst bzw. schiebst nach unten. Den gleichen Effekt hat auch ein Cock-Ring. Doch sollte er nicht das Blut abschnüren!

Teil 2 Ejakulations-Kontrolle

Wichtig ist, dass Du lernst, Deine Hoden an zu heben. Dafür dienen Dir die Übungen mit dem PC Muskel.

An dieser Stelle wirst Du sehen, wie weit Du schon bist. Wenn Dein Penis steif ist und Du kurz vor dem Orgasmus bist, schau ob Du die Hoden schon bewegen kannst, mit Deiner Muskelkraft.

Auch wenn Du nichts merkst machst Du weiter. Dann entspanne alles. Höchstwahrscheinlich wirst Du dies erregend finden, gehe nicht bis zum Orgasmus, sondern halte wieder an.

Fang dann wieder an Dich zu streicheln und spiele mit Deinen Hoden. Hebe sie an, als würden Deine Muskeln sie heben.

Mach diese Übungen bis Du bei der halben Stunde oder sogar 45 Minuten bist, ohne zu kommen. So kontrollierst Du Deine Ejakulation und dehnst die Erektion enorm aus.

Teil 3 ... so geht es weiter nach ca. 2 Wochen:

Du wirst nun Deinen Penis versuchen in alle Richtungen zu bewegen, wenn er steif ist.

Dafür sind vorher die Muskeln (in den vorigen Kapiteln beschrieben) trainiert worden.

Probiere es in allen möglichen Stellungen die Du Dir vorstellen kannst.

Also im Liegen, im Stehen, auf dem Rücken und so weiter.

Du kommst Dir dabei lächerlich vor?

Das ist normal - denke an das Ergebnis und motiviere Dich damit...

Muskelgruppen die hier gefordert werden, sind:

- PC-Muskel

- Hintern

- Oberschenkel

- Bauch

Üben mit einem Gewicht

Die Taoisten empfehlen den Penis zu beschweren, zum Beispiel mit Liebeskugeln oder wenn Du kein Spielzeug zur Hand hast, kannst Du auch ein Wäschestück nehmen.

Du streichelst Dich wie im ersten Teil, bis Dein Penis steif ist. Mache alles wie oben beschrieben, nur dass Du diesmal kommen darfst.

Hab den Fokus ganz auf Deinen Gefühlen und Deinem Tun. Nach der Ejakulation machst Du direkt mit dem Streicheln weiter um hart zu bleiben. Du darfst auch wieder ejakulieren, Du solltest aber mindestens 10 - 15 Minuten warten, während Du Dich weiter reizt.

Die Samenflüssigkeit wird nach innen gezogen.

Wenn dies gut klappt, dann wirst Du die nächsten Male nicht ejakulieren, sondern versuchen, die Samenflüssigkeit innen zu halten.

Dies schaffst Du indem Du alle *die* Muskeln, die für die sexuelle Aktivität wichtig sind, anspannst. Vor allem den PC Muskel, den Du beim urinieren gut fühlen kannst, solltest Du so fest wie möglich anspannen.

Ziel ist ein "trockener Orgasmus". Das einzige was herauskommen darf ist eine durchsichtige Flüssigkeit - das ist normal und gewünscht. Zähle mal wie oft Dein Penis sich zusammenzieht. Meist sind es drei bis acht Mal, die Deine Muskulatur sich hier anspannt.

Danach, wenn alles sich beruhigt hat, fängst Du wieder an Dich zu streicheln oder was auch immer Dich erregt. Du kennst das schon. Stimuliere Dich bis Du kurz vor der Ejakulation bist, ziehe wieder alles zusammen und versuche einen trockenen Orgasmus zu haben.

Ejakulation

Du kannst das mehrmals hintereinander machen - und dann lasse einfach zu, dass Du ejakulierst.

Klappt nicht sofort? Macht nichts, denn Übung macht den Meister. Dass Du Fortschritte machst merkst Du auch an der Häufigkeit der Muskelanspannungen im Penis beim Orgasmus, also wie oft er sich zusammenzieht. Je mehr Du übst, desto mehr Kontraktionen wirst Du haben.

Wichtig ist es, das Prinzip zu verstehen.

Es geht um die Kontrolle Deiner Muskulatur und das bewusste zusammenziehen im richtigen Moment.

Du kannst, wenn Du geübt bist, steuern, wann Du die heftigen Kontraktionen, also Anspannungen, Deines Penis haben möchtest. Du schaffst das unter anderem, indem Du Dich immer weiter zum Höhepunkt treibst, ohne zu ejakulieren.

Wo Du vorher aufgehört hast, Dich zu streicheln um keinen Orgasmus zu haben und aufgehört hast, Dich zu erregen, fängst Du jetzt an Dich weiter zu erregen und die Lust auszuhalten. Zögere den Moment, wo Du nicht mehr warten kannst, so lange wie möglich hinaus.

Mithilfe der Muskeln, die Du trainiert hast, schaffst Du das nach einigen Wochen.

So macht SIE es sich selbst

Jede gesunde Frau ist in der Lage, Orgasmen zu haben. Viele Orgasmen. Möglicherweise bereitet es Dir keine Schwierigkeiten, einen Orgasmus zu bekommen.

Ein wenig Training schadet dann auch nicht, denn Du wirst auf jeden Fall Deinen Genuss verstärken können. Solltest Du Probleme haben, einen Orgasmus zu bekommen, dann sind die Übungen auf jeden Fall für Dich - sich gehen lassen zu können, loslassen oder einfach sein ist in vielerlei Hinsicht wohltuend und wichtig.

Erinnerst Du Dich an den PC-Muskel? Er ist ganz wichtig für Deine Empfindungen beim Sex. Er ist dafür verantwortlich, wie stark Du einen Orgasmus fühlen kannst, wie stark erregt Du Dich fühlst.

Vor allem wenn Du schon Kinder hast, oder einfach ein weniger kräftiges Bindegewebe, dann kann es sein, dass Dein PC ziemlich schwach ist.

Das lässt sich ändern! Du hast hoffentlich die Übungen aus dem vorigen Kapitel gemacht, wo Du auf der Toilette herausfindest, wo der Muskel ist und ihn später fleißig trainierst.

Möchtest Du wissen, wie gut Dein PC schon trainiert ist?

Gianna Bacia[18] gibt hier eine gute Anleitung

Übung - wie stark ist Dein PC?

Du kannst ihn am besten testen, wenn Du auf dem Rücken liegst oder auf der Seite. Mach es Dir gemütlich.

Stecke nun einen Deiner Finger vorsichtig in Deine Vagina und dann kontrahiere Deinen PC. Spanne ihn so fest an wie Du kannst. Merkst Du etwas? Perfekt.

Sollte Sich kein Gefühl einstellen, dass Dein Finger festgehalten wird, solltest Du dringend mehr üben. Und zwar genau nach der oben beschrieben Anleitung und häufig am Tag.

Dich selbst zu befriedigen ist kostenlos und macht schön und glücklich. Du kannst viel besser entspannen! Es ist wichtig, dass Du Deine eigenen Bedürfnisse gut kennst.

Auch haben Frauen die masturbieren, viel weniger Orgasmus-Probleme mit Partnern.

Am wahrscheinlichsten ist es, dass Du schöne Orgasmen mit (D)einem Partner hast, wenn Du Dir selbst schöne Orgasmen verschaffen kannst.

Das zeigt nämlich, dass Du genau weißt was Du brauchst. Dann kommt es nur noch darauf an, es (D)einem Partner oder Deiner Partnerin auch zu kommunizieren.

Scham- und Schuldgefühle von vielen Frauen resultieren aus Erziehung, Kirche und gesellschaftlichen Tabus. Ein Grund, sich mit den eigenen Bedürfnissen und Glaubenssätzen zu beschäftigen! Aber das ist ein anderes (wichtiges!) Thema und würde den Rahmen dieses Buches sprengen.

Reiz-Reaktion

Es gibt allerdings auch die genau andere Situation. Du masturbierst viel und alles ist fein. Doch sobald Du mit Deinem Partner Sex hast, kannst Du keinen Orgasmus bekommen.

Deine Nervenbahnen leiten die Berührung, die Du Dir schenkst oder Dein Partner, an Dein Gehirn weiter. Dies ist ein sogenannter Reiz, wir sprechen ja von Erregung, Stimulation und Reiz. Dies wiederum löst ein Gefühl aus.

Wenn Du lange Zeit die immer gleiche Berührung ausführst, Dich zum Beispiel immer auf die gleiche Art befriedigst, kann es schwierig sein im Zusammensein mit dem Partner.

Denn Dein Körper ist *so sehr auf diesen einen Reiz gepolt,* dass andere kleinere oder ungewohnte Berührungen den Punkt einfach nicht treffen. Andere Reize nimmt er einfach nicht mehr richtig an.

Das bedeutet, dass wenn Du experimentierfreudig bist und Dich auf andere Art und Weise berührst und berühren lässt später, neue Reize ausgelöst werden können und Du Deine Sexualität ganz neu erfahren kannst. Und das soll ja mit dem Training erreicht werden.

Unangenehme Gefühle

Manchmal stellen sich Widerstände ein, unangenehme Gefühle oder Gedanken. Wichtig ist, diese wahrzunehmen und nicht zu verdrängen. Nimm Dich ernst, aber steigere Dich nicht hinein. Zum Thema Widerstände findest Du später noch ein Kapitel.

Erforschung des Körpers

Nimm Dir wie oben beschrieben ausreichend Zeit, bereite Dich, Deinen Körper und Deine Umgebung vor.

Der Mann nimmt Gleitmittel - das kannst Du auch verwenden, ebenso wie ein schönes Öl in guter (am besten Bio-) Qualität.

Schön ist auch ein duftendes Massageöl zu verwenden, ich selbst nehme am liebsten ein Trägeröl wie reines Mandelöl und setze frisch ein gutes ätherisches Öl zu - dies sollte allerdings eines sein, das nicht brennt. Daher bevorzuge ich für die Genitalmassage eher ein Öl ohne Düfte.

Du kannst einen Raumdiffuser nehmen, wenn Dir nach Duft ist.

Gleitgel nehme ich nicht so gern, da ich es als etwas schmierig empfinde, es erinnert mich stark an Ultraschalluntersuchungen und ich fühle mich wie beim Arzt.

Außerdem liebe ich es, leicht angewärmtes Öl sanft über den Körper zu gießen (Achtung! Handtuch unterlegen!).

Es geht los

Wenn Du möchtest, mache am besten ein richtig sinnliches Erlebnis aus Deinen Treffen mit Dir. Streiche Dir über den bekleideten Körper, ziehe Dich langsam und genussvoll aus, streiche Dir über die Haare, die Wangen.

Du beginnst damit, dass Du Dich eincremst, massierst. Du kannst an den Brüsten beginnen, den Bauch massieren, dann kommst Du zum Venushügel, den Schamlippen.

Beziehe die großen und die kleinen Schamlippen mit ein. Taste Dich weiter vor zur Klitoris und Deiner Vagina. Zwischen Deinem Anus und den Schamlippen - das ist das Perineum kannst Du Dich auch streicheln, hier hast Du dich eventuell noch nicht berührt.

Perineum

Beziehe das Perineum auf jeden Fall mit ein. Es ist ein sehr glatter Bereich der sich gut anfühlt für die meisten von uns. Hier ist eine sehr erogene Zone, teste das mal.

Anus

Auch den Ausgang Deines Darmes darfst Du mit einziehen. Hier sind viele Nervenenden und daher ist der Anus ebenso wie das Perineum empfindlich.

Nicht jede frau mag die anale Stimulation. Es ist einen Versuch wert - sei, wenn es das erste Mal ist, besonders vorsichtig in den Berührungen. Solltest Du es probieren nimm auf jeden Fall eine extra Portion Öl und wasche danach, bevor Du Dich wieder der Vagina widmest, Deine Hände.

Berührungen und Intuition

Die Berührungen dürfen sehr langsam sein. Probiere ob Du streichen und streicheln kannst, ohne abzusetzen.

Lass Dich von Deinem Bauchgefühl leiten, lass Dich leiten, wo Deine Hände Dich hinführen und stimulieren möchten.

Variiere im Druck, reiben, streicheln, kreisen. Vielleicht tut es Dir auch gut Dich zu bewegen, das Becken zu heben und zu senken oder Dich auf die Seite zu drehen.

Kreisende, langsame Bewegungen sind meist sehr schön und angenehm.

Fühle, was Dich am meisten erregt und Dir guttut. Solltest Du Dich häufig in dieser Art und Weise berühren, dann teste einmal ob es Formen der Berührung gibt, die für Dich ungewöhnlich sind.

Du darfst gerne, wenn Du nur so kommen kannst, auch einen Vibrator zur Hilfe nehmen.

Allerdings wäre es gut, dies nach und nach abzubauen, um später auch nur mit der Hand kommen zu können. Entspannung ist hier das Zauberwort.

Dein Orgasmus

Es ist Dir überlassen, ob Du direkt kommen möchtest. Im Gegensatz zum Mann, der zunächst nicht direkt kommen soll, darfst Du Dich bis zum Orgasmus bringen. Vielleicht möchtest

Du ein, zwei Sitzungen warten, vielleicht möchtest Du sofort kommen - in jedem Fall darfst Du üben, mehrmals zu kommen.

Ist es schwierig für Dich, einen Orgasmus zu haben?

Dann bekommst Du hier eine kleine Übungsanleitung, wie Du es erlernen kannst durch Masturbation einen Orgasmus zu bekommen. Ausgeschlossen sind natürlich Orgasmusstörungen, die körperliche Ursachen haben, oder denen ein traumatisches Erlebnis zu Grunde liegt.

Zeit und Dauer

Wie schon gesagt, Du brauchst zum Üben eine feste Zeit. Die Dauer sollte nicht zu kurz sein (mindestens 30 Minuten) und schau, dass Du Dir nochmal ansiehst, wie Du eine optimale Umgebung schaffst für Dich.

Du darfst jeden Tag üben, ist Dir dies zuviel, dann nimm Dir wenigstens drei Tage in der Woche Zeit die Du am besten fix im Kalender einträgst.

Orgasmus in 4 Phasen

Lies, wenn Du ungeübt bist oder einfach neue Handgriffe ausprobieren möchte, unbedingt im Kapitel für die Handgriffe für schönere Berührungen nach.

Dort sind die wichtigsten und schönsten Handgriffe aufgelistet und erläutert.

Phase1

Hier wird noch nicht der Genitalbereich einbezogen - Du berührst Dich lediglich liebevoll an allen Körperstellen, die nichts mit Brüsten oder dem Genitalbereich zu tun haben. Schließe alle Körperstellen ein und lasse nichts aus. Danach, nach der ersten Woche zum Beispiel, fängst Du an Dich näher an intimeren Stellen heranzutasten. Brüste, Po, Innenschenkel. Für diese Phase nimm Dir ruhig gute 2 Wochen Zeit.

Phase 2

Begebe Dich nun zu Deinen Geschlechtsteilen, auch gern zunächst bekleidet. Fasse Dich noch nicht an, sondern sei einfach aufmerksam, wie Du Dich fühlst. Lenke Deine Gedanken, Deine Gefühle, Deinen Atem zu Deiner Vagina.

Bei der nächsten Session kannst Du anfangen Dich zu bewegen, Dein Becken kreisen, Dich auszuziehen.

Wenn Du den Impuls spürst, Dich zu berühren, fange ganz leicht damit an, indem Du Deine Schamlippen berührst. Gehe noch nicht nach innen, sondern fasse sie außen an und spiele ein wenig mit ihnen herum.

Schau was sich gut anfühlt, beziehe auch den Venushügel mit ein. Spiele 2 Wochen mit der Idee, Dich tiefer zu berühren, fange aber noch nicht damit an.

Phase 3

Nun fängst Du mit erotischer, sinnlicher Berührung Deiner Klitoris an. Wenn Du möchtest nimm Dir direkt Öl dazu wie oben beschrieben. Du kannst aber auch erst einmal hin fühlen, wie die Berührung Deiner Hand Dir gefällt.

Vorweg möchte ich sagen, dass Du nichts falsch machen kannst. Bei Berührungen gibt es kein richtig, es gibt nur: Gefällt mir gut, gefällt mir nicht. Experimentiere, sei mutig, Dich zu erforschen.

Deine Hände werden vielleicht nicht direkt wissen, was sie tun sollen. Das gibt sich, je mehr Du die Kontrolle abgibst und in eine liebevolle Haltung kommst. Beginne, Deine Klitoris zu suchen und zu berühren. Dabei magst Du vielleicht den Venushügel berühren, verschieben oder hier etwas liebevollen Druck ausüben.

Du darfst kreisen, leicht klopfen mit den Fingerspitzen oder auch hin- und her bewegen.

Probiere ob es Dir gefällt, die Klitoris mit den Fingern zu "kneifen", ganz sanft, beobachte Dich. Du wirst spüren was Dir gut tut und wann es Zeit ist, aufzuhören. Nimm Dir gern ein bis zwei Wochen Zeit hierfür.

Phase 4

Fange an etwas mehr zu experimentieren und bleibe erst einmal bekleidet, so wie ganz zu Beginn. Berühre Deine Vulva durch die Jeans oder Dein Höschen, reibe oder übe leichten Druck aus. Vielleicht möchtest Du Dein Becken bewegen.

Wenn Du Dich ausgezogen hast, fange an Dich zu erregen, indem Du Deine Vulva verwöhnst. Mit unterschiedlichem Druck und Handgriffen, zärtlich oder etwas stürmischer, wechsle Tempo und Handgriffe ab.

Du kannst Dich hinlegen, aber probiere auch einmal Dich im Stehen zu verwöhnen oder während Du kniest. Drehe Dich auch mal auf die Seite oder den Bauch, um herauszufinden was Dir gefällt.

Das wichtigste: Entspanne, lasse los. Normalerweise solltest Du bald in der Lage sein, einen Orgasmus zu spüren. Du kannst in dem Kapitel über die Grifftechniken nachsehen, ob Du Inspirationen für neue Liebkosungen für Dich entdeckst.

In den folgenden Kapiteln wirst Du Dich, wenn Du einen Partner hast, in die Zweisamkeit begeben.

Zweiergespräche für Paare

Kommunikation ist in jeder Art von Beziehung essentiell. Hier gibt es wirklich viel Bedarf, da wir meist nicht gelernt dem anderen die Wahrheit sagen. Meist sagen wir nicht mal uns selbst, was wir wollen oder was uns gefällt und nicht gefällt.

Wie soll unser Partner wissen, was uns gefällt? Kannst Du hellsehen? Eben, Dein Partner auch nicht. Es gibt zahlreiche Kommunikationstechniken und Bücher über das Thema, von denen ich Dir am Ende dieses Buches einige ans Herz legen werde.

Wichtig ist meines Erachtens, in Ich-Botschaften zu sprechen, damit der andere sich nicht in die Ecke gedrängt fühlt. Es geht schließlich nicht darum, den Partner zu beschuldigen, sondern sich kennenzulernen und Gutes zu tun.

Es ist wunderbar, wenn Ihr es schafft, offen in Eurer Haltung zu sein und Euch gegenseitig als Lehrer zu akzeptieren.

Der Partner möchte Dich nicht verletzen, oft weiß er gar nicht, was er angerichtet hat, wenn es Dir nach einem Gespräch nicht gut geht.

Das kann er nur erfahren, wenn Du ihn - liebevoll - informierst. Denn: Dein Partner kann nicht hellsehen.

Noch kniffliger ist die Sprache bzw. die Kommunikation, wenn es um Sexualität geht. Hier gibt es verschiedene Ebenen, nämlich den Sex, die Sinnlichkeit und die Erotik.

Dies würde hier leider auch zu weit führen - es sei nur soviel gesagt:

Frage nach, wenn Du nicht sicher bist, was Dein Partner Dir sagen möchte.

Sprecht über Eure Gefühle, teilt Euch gegenseitig liebevoll und respektvoll mit, was Euch bewegt.

Das kann man lernen und ist in einer Partnerschaft die halbe Miete. Sprecht auch nach dem Sex darüber, wie es Euch ergangen ist, wie es war, bedankt Euch beim Partner.

Dinge nicht zu persönlich nehmen.

Natürlich kann es sein, dass, wenn Eure Sexualität sich verändert, sich auch der Grad der Intimität und das Bedürfnis verändert, dem Partner Dinge zu sagen, die ihr nie gesagt habt. Es wird vielleicht Überraschungen geben, wenn Du Deinem Partner plötzlich gestehen musst, dass die Art wie er Dich bislang angefasst hat, Dir nicht wirklich gefällt.

Hier ist es wichtig, behutsam miteinander umzugehen. Teile Deinem Partner mit, dass es Dinge gibt über die Du noch nie mit ihm gesprochen hast. Trefft vorher die Verabredung, dass ihr in solchen Fällen nicht wertet, nicht verurteilt, nicht straft.

Und vor allem diese Dinge nicht persönlich nehmt. Es ist eine große Chance, endlich Klarheit und Wahrheit in die Beziehung zu bringen. Ganz besonders die Arbeit auf der körperlichen Ebene macht es möglich, sich auch seelisch zu öffnen.

Aus meiner langjährigen körpertherapeutischen Arbeit weiß ich, wie stark Emotionen im Körper eingeschlossen sein können und wie stark sie sich bei Berührungen entladen können.

Es ist wichtig diese neue Art der Kommunikation in den Alltag zu übernehmen, täglich zu üben. Das schafft das notwendige Vertrauen, um auch auf sexueller Ebene tiefer gehen zu können.

Kapitel 4

Praxis für Zwei

Vorbereitung

Siehe vorige Kapitel. Je besser die Vorbereitung, desto schöner das Erlebnis.

Im Schlafzimmer sollten optimaler Weise keine alten Socken oder Kinderspielzeug herumliegen.

Zeiten und Termine

Haltet Euch an Eure Verabredungen. Es ist wichtig für Euer gegenseitiges Vertrauen, das Gefühl, sich auf den Partner verlassen zu können.

Es ist eine Wertschätzung dem anderen gegenüber, Termine einzuhalten.

Zu oft wird Sex oder Sex-Entzug wie Liebesentzug genutzt und als Strafe eingesetzt. Dieses Gefühl sollte auf keinen Fall entstehen oder aufleben.

Vorspiel

Die Zeit der Vorbereitung gehört nun beiden. Das, was jeder vorher für sich getan hat, nämlich das baden oder duschen, das erkunden des Körpers, sich entspannen und locker berühren, das findet nun gemeinsam statt.

Es geht noch gar nicht um Sex im eigentlichen Sinne, sondern um den Genuss und die Entspannung. Also um Eure intensiven Sinneswahrnehmungen.

Penis und Klitoris oder Vulva dürfen noch außen vor bleiben. Wichtig sind Augenkontakt und sanfte Berührungen, die einfach dazu dienen, zu liebkosen, den anderen kennenzulernen und ihm oder ihr Aufmerksamkeit zu schenken.

Probiert, ob ihr mit Euren Händen den Körper des Partners sanft nachformen könnt. Also in langen langsamen Streichungen den Körper erkunden, ihn nachfahren.

Erforsche seine Rundungen, die Beschaffenheit der Haut, Erhebungen, Stellen die sich besonders weich und schön anfühlen. Nehmt Euch Zeit dafür.

Es ist absolut wohltuend sich auf diese Art und Weise um den anderen zu kümmern, denn wann bekommen wir im Leben volle Aufmerksamkeit?

Wir wollen alle gesehen werden.

Das ist echte Wertschätzung.

Wenn Ihr möchtet könnt Ihr Euch auch abwechselnd massieren.

Besonders schön ist es, sich gegenüber zu liegen, aber nicht Gesicht zu Gesicht, sondern jeweils Gesicht zu Genitalbereich.

Streichelt und erregt Euch gegenseitig. Nehmt wieder ein schönes Öl dazu und nutzt beide Hände optimaler Weise.

Schaft, Eichel und PP werden beim Mann stimuliert und die Klitoris als auch Vagina bei der Frau.

Wenn Ihr vorher geübt habt, sollte es jetzt funktionieren, dass Ihr Euch gegenseitig mitteilt, wie es Euch geht, was Euch gefällt, was besser sein könnte.

Sprecht dann ab, wer zuerst bis zum Orgasmus stimuliert werden soll - idealerweise wird zuerst die Frau verwöhnt.

Verwöhnprogramm für Sie

...von ihm - oder natürlich von ihr für sie. Oder von ihnen für sie...

Schau vorher unbedingt in das Kapitel mit den Geheimnissen für schönere Berührungen, falls Du nicht recht weißt, wie Du beginnen sollst.

Denn natürlich kannst Du die Frau berühren, wie sie sich auch gern berührt. Du findest dort Inspirationen. Zudem weiß ich nicht, wie geübt oder wie alt Du als mein Leser bist, über wieviel Erfahrung Du verfügst.

Schließlich sind die Kapitel aber auch alle lesenswert, wenn Du nicht in einer Partnerschaft bist - denn Wissen kann nie schaden und so bist Du schon einmal vorbereitet auf den Fall der Fälle.

Nach dem Vorspiel

Nach einem schönen Vorspiel[19], das ruhig 30 Minuten dauern darf, legt die Frau sich auf den Rücken und macht es sich gemütlich.

Vergesst nicht, reichlich Gleitgel oder auch Öl zur Hilfe zu nehmen, das erwärmt sein darf.

Da es jetzt direkt um die Stimulation bis zum Orgasmus geht, sollte sie die Beine soweit öffnen, ganz so wie es für sie am bequemsten ist und Du sie gut erreichen kannst.

Der Mann oder die andere Frau setzt oder legt sich vor die Frau oder setzt sich im Schneidersitz, um sie mit beiden Händen verwöhnen zu können.

Eine schöne Alternative ist, wenn der Mann (die Frau) sich mit dem rechten Unterarm zwischen den Beinen abstützt.

Wenn Deine Partnerin auf dem Rücken liegt, kannst Du als Mann oder zweite Frau Dich wunderbar auf Deinem Unterarm stützen, wenn Deine Beine wie gesagt eher in Richtung ihrem Kopf liegen, Dein rechter Arm über ihren rechten Oberschenkel und so zwischen ihren Beinen.

So kannst Du mit der linken Hand ihre Klitoris verwöhnen, mit der rechten Hand, deren Arm aufgestützt ist, die Vagina.

Nehmt Kissen zum abpolstern zur Hilfe. Warmes Öl zu nutzen ist jetzt wunderbar, da viel mehr Weichheit und gleiten möglich ist.

Die Frau darf mit reichlich warmem Öl verwöhnt werden, überall am und im Genitalbereich und bis hin zum Anus und wenn es für sie angenehm ist bis *in* den Anus.

Zuerst wird alles gestreichelt und verwöhnt, nicht nur die Klitoris. Erregung wird bei jeder Frau anders erreicht - erforsche, was bei Deiner Partnerin am besten funktioniert - mag sie es mehr, wenn Du sie großflächig berührst, oder wenn Du an den Schamlippen zupfst?

Mag sie kreisende Bewegungen oder lieber festen Druck?

Kreisende Bewegungen an der Klitoris

Kreisende Bewegungen um die Klitoris herum sind im Allgemeinen sehr schön und erotisierend. Doch wie die Berührung am angenehmsten ist, das ist bei jeder Frau anders.

Am besten machst Du es so, wie sie es Dir schon mitgeteilt hat, als Ihr über Euren Sex gesprochen habt. Wenn sie anschwillt ist das ein gutes Zeichen für ihre Erregung.

Wie beim Mann lässt sich die Erregung in einer Veränderung der Größe von Klitoris und Vulva erkennen. Durch die stärkere Durchblutung werden sich die Klitoris als auch der Vaginalbereich dunkler färben.

Du wirst spüren, sehen und hören was ihr gefällt und was sie zum Orgasmus bringen wird. Achte genau darauf ob sie sich Deinen Händen entgegenstreckt oder sich eher wegbewegen.

Achte auf ihr Becken:

Ein Wegbewegen von Deiner Hand kann bedeuten es ist genug, sie ist überreizt oder diese Art des Anfassens ist nicht schön.

Das zeigt Dir, welche Berührungen sie wirklich liebt und was ihr eher unangenehm ist. Du wirst es fühlen können.

Falls Du Dich fragen solltest, wie genau Du denn nun Deine Partnerin berühren solltest, kommen hier ein paar Inspirationen, wie schon erwähnt schau aber auch im Kapitel Geheimnisse für schönere Berührungen nach, das für sie & ihn gleichermaßen nutzbar ist.

Dort findest Du einen zusammenfassenden Überblick.

Du kannst mit Deiner linken Hand zum Beispiel die Klitoris erregen in dem Du Deinen Daumen und Deinen Zeigefinger nutzt um sie zu berühren.

Der Daumen berührt eher die Basis, die Wurzel, während der Zeigefinger das kleine Knubbelchen streichelt. Das hat sich als sehr erregend bewährt, schau aber bitte ob es Deiner Partnerin auch so gefällt.

Du nimmst also Zeigefinger als auch Mittelfinger um die Klitoris zu stimulieren, während der Daumen unten einen leichten Gegendruck ausübt.

Je nachdem von wo aus Du Deine Hand auflegst, musst Du hier natürlich umdenken.

Aber mache Dir bitte keinen Stress: Die Hände wissen im Grunde, wo sie hinmüssen. Das Ego, der Kopf funkt vielleicht noch dazwischen mit der Angst, alles richtig machen zu müssen.

Der Rhythmus

Wichtig ist, dass Du lange genug bei einer Art des Streichelns bleibst.

Nicht nur aus dem beruflichen und privaten sexuellen Bereich, sondern auch aus meiner Massagetätigkeit weiß ich, dass es nichts Schlimmeres gibt als zu schnelle Wechsel, zu hektisches Streicheln.

Der oder die andere braucht Zeit, um sich in eine Berührung hineinfühlen zu können, zu genießen.

Nimm Dir am besten mindestens eine ganze Sekunde für einen Streichelzyklus, ruhig auch mehr. Das kommt Dir jetzt wenig vor, aber Du wirst merken - wir neigen alle dazu, hektisch zu werden, vor allem wenn wir das Gefühl haben, dass etwas nicht klappt.

Solltest Du merken, dass Deine Partnerin nicht so erregt wird wie Du möchtest, vielleicht baut sie auch einen Widerstand auf, dann wirst Du Dich eventuell ertappen, dass Du beginnst mehr Druck aufzubauen oder schneller zu werden.

Das Gegenteil ist hilfreich.

Doch nicht nur mit der Länge der Streicheleinheiten solltest Du variieren, sondern auch im eigentlichen Rhythmus des Streichelns oder der Streicheleinheiten selbst.

Du kannst beginnen, Deine Partnerin in Intervallen zu streicheln - also eine Zeit lang stimulieren, dann eine kurze Pause einlegen, in der Du sie weniger intensiv streichelst.

Erregendes Streicheln und Verwöhnen wechselt ab mit weniger intensiven Streicheleinheiten. Später wird auch gewechselt mit dem Fokus auf Klitoris, Vagina, Klitoris, Vagina, Klitoris.

Wie gesagt ist es schön, wenn Du in einem bestimmten **Rhythmus** wie Ebbe und Flut streichelst. Die Flut ist hier jedoch länger als die Ebbe. Die Erregungsphasen sind länger als die Pausephasen.

Beispiele für solche Phasen:

3 x 1

Drei Zeiteinheiten und eine Pause machen.

Oder sechs Zeitheinheiten stimulieren und einmal Pause machen.

Du kannst dies in Atemzüge umsetzen, dann fällt es Dich leichter, einen schönen Rhythmus einzuhalten - ähnlich wie beim Yoga. Du bekommst so eine schöne Gleichmäßigkeit, die für eine Frau für die Orgasmusfähigkeit essentiell sein kann.

Also längere Stimulation, kürzere Pause.

6 x 1

Wenn Du dies dann mit dem Atem verbinden magst, z.B. 6 Atemzüge stimulieren, 1 Atemzug Pause machen. Oder 10 Atemzüge für die Erregung, 3 Atemzüge pausieren. Oder 50/50.

Das ist Dir und Deiner Beobachtung überlassen. Sprich mit Deiner Frau. Hier gibt es keinen Blueprint, kein Muster, das für alle gut ist und allen gefällt. Spiele und experimentiere auch hier.

Auf dem Weg zum ersten Orgasmus

Du steigerst dann die Erregung immer weiter, in dem Du weiterhin Mittelfinger und Zeigefinger nutzt, um die Klitoris zu erregen.

Gleichzeitig führst Du mit der anderen Hand einen Finger in die Vagina Deiner Partnerin ein. Zwei Finger, drei Finger sind natürlich auch möglich.

Beobachte, was ihr gefällt. Baue die Erregung wie oben beschrieben auf - mache es spannender für sie, steigere ihre Lust indem Du die Erregungsphasen, die etwas länger sind, mit ein wenig langweiligeren Phasen kombinierst.

Entspannung der Partnerin

Es ist wichtig, dass Deine Partnerin sich nicht komplett anspannt, wenn sie auf den Orgasmus zusteuert, sondern NUR den Beckenboden. Es ist wichtig, dass sie weiteratmet. Der Rest des Körpers sollte locker bleiben.

Leichter gesagt als getan, auch beim Masturbieren neigen wir Frauen dazu, auf einmal zu einem Bügelbrett zu werden. Das ist eine festsitzende Gewohnheit, dass wir uns verkrampfen, die langsam aufgeweicht werden darf.

Das Training des Muskels wird definitiv das Erleben intensiver machen, das Loslassen im restlichen Körper wird einfacher werden, wenn die Muskeln definiert sind.

Die erste Orgasmusphase

Wenn Du spürst, dass Deine Partnerin erregter ist und sie kurz vor ihrem Orgasmus ist, wird sie höchstwahrscheinlich die direkte Klitoris-Stimulation *nicht* mehr mögen, weil die Empfindung zu stark wird.

Wahrscheinlich fängt sie an schneller zu atmen oder zu stöhnen, die Muskeln werden sich zusammenziehen und entspannen, wie eine Welle. Du kannst deutlich spüren, wenn sie kurz vor ihrem Orgasmus ist, denn Du wirst ein starkes inneres Zusammenziehen der Vagina spüren könne.

Da die Klitoris jetzt langsam sehr empfindlich wird, **kannst Du Dich ganz der Vagina widmen.** Erinnerst Du Dich an die Beschreibung des G-Punktes? Wenn Du schon ein wenig mit Deiner Partnerin geübt hast und ihn findest, dann wäre *jetzt* der richtige Zeitpunkt ihn zu streicheln oder zu drücken. Natürlich nur wenn es ihr gefällt und bestenfalls *nicht zu früh vorm Höhepunkt*, denn das Pipi-Gefühl kann dann noch zu stark sein.

Wenn ihr die G-Punkt-Massage nicht gefällt: Deine Finger dürfen sie wie der Penis beim Geschlechtsverkehr in der Vagina mit rein-raus-Bewegungen verwöhnen.

Was auch schön ist: an der Vagina mit den Fingern Kreise ziehen oder was immer der Partnerin gefällt. Frag sie bzw. erinnere Dich daran, was sie Dir beim Sex-Talk erzählt hat, was sie mag und was sie nicht mag.

Du hörst nicht auf, auch wenn sie dann endlich einen Orgasmus hat. Verwöhne sie zärtlich weiter.

Das Ziel des Verwöhnens der Vagina und am G-Punkt ist natürlich das Ziel wie im Buchtitel beschrieben: Intensiver zu kommen, öfter zu kommen, länger zu kommen.

Der Orgasmus kann schöner und länger werden, das Erleben viel intensiver. Das schaffst Du, indem Du wieder den Rhythmus beim Streicheln, Reiben oder rein-raus- bewegen anschlägst wie zu Beginn. Du steigerst also den Druck und die Reibung, das Verwöhnen, während Du bis 6 oder 10 zählst, wirst dann während Du bis 1 oder 3 zählst etwas ruhiger und sanfter, dann steigerst Du wieder. Diese Stimulation zielt auf die tieferliegende Muskulatur und macht es möglich, dass ein *Orgasmus sehr viel intensiver erlebt* werden kann, wenn die Frau loslässt.

Wenn Du Deine Finger in der Vagina Deine Partnerin hast, wirst Du spüren können, wie die Muskulatur beim Orgasmus arbeitet. Es ist ein bisschen als würde Dein Finger festgehalten von der Vagina oder ein wenig eingesaugt.

Hinein- und Hinausziehen der Vagina

Das liegt daran, dass die Vagina ihre Bewegung beim Orgasmus in den Körper hineinbringt, und dann wieder heraus schwimmt wie eine Welle. Es ist wie ein kommen und gehen, nach innen ziehen und nach außen drücken oder pressen. Sehr sanft natürlich.

Beim hineinziehen der Vagina übst Du einfach weniger Druck aus - passe Dich dem Rhythmus des Orgasmus Deiner Partnerin an. Wenn es zu viel Reize sind kann es sehr sehr unangenehm für Deine Frau werden - achte wirklich gut darauf, ob ihr gefällt, was Du tust. Sie wird sich dann mit ihrem Becken von Dir zurückziehen.

Es sind meist ganz feine Nuancen, die eine Bewegung, eine Liebkosung, ein Streicheln schön machen oder ins Unerträgliche bringen. Millimeterarbeit sozusagen.

Dafür waren ja auch die Übungen in den Wochen zuvor gedacht. Nicht nur, Dich selbst zu befriedigen oder kennenzulernen, sondern insgesamt Deine Achtsamkeit zu schulen und Deine Aufmerksamkeit. Wir sind alle so reizüberflutet, dass es uns schwerfällt unsere innere Stimme zu hören, leise Veränderungen in unseren Beziehungen wahrzunehmen oder auch wie uns selbst wirklich geht.

Kurz gesagt:

Es geht also auch um Stimulation, die anderes ist, als die gewohnte um die Intensität des Orgasmus zu stärken. Du kannst also immer auf einer hohen Erregungswelle Tempo und Druck und Rhythmus der Stimulation verändern.

Dadurch wird die Orgasmusfähigkeit verändert, vor allem auch die Fähigkeit, in neuen bzw. unter neuen Berührungen zu kommen. Angenehme Berührungen sollte stimulieren, doch nicht sofort zum Höhepunkt bringen.

Zweiter Orgasmus

Der Orgasmus lässt die Wellen von Anspannung und Entspannung bzw. Kontraktionen schneller ablaufen. Möglich, dass sie jetzt schneller atmet und stöhnt.

Ich vermute fast, das kennst Du. Du verwöhnst sie währenddessen weiter und weiter nur im vaginalen Bereich. Jetzt merkst Du wahrscheinlich auch schon, wozu ein gut durchtrainierter Körper bzw. die Armmuskulatur Dir dient.

Nach einiger Zeit wird die Erregung etwas abebben.

Sie atmet flacher, stöhnt weniger, wird ruhiger. Du richtest Dich wieder auf die Klitoris aus! Möglichst viel Lust soll ja erzeugt werden. Der Orgasmus verebbt und die Lustkurve geht nach unten - das bedeutet für Dich: Weitermachen.

Du nimmst jetzt langsam wieder Fahrt auf - das bedeutet: Du fängst wieder vorn an, die Klitoris zu liebkosen.

Wenn sie wieder anspannt, also die Vagina, in der Du ja immer noch ein oder zwei (oder drei?) Finger hast, dann gehst Du direkt dazu über Deine Finger wieder etwas schneller in Deiner Partnerin ihre Melodie spielen zu lassen.

Entweder hinein und hinaus gleiten lassen oder wenn Deine Partnerin es mag, kümmerst Du Dich um den G-Punkt.

Experimentiere, wenn sie dafür offen ist. Wenn sie eine Stimulation vorher am G- Punkt abgelehnt hat, dann mag sie es jetzt vielleicht. Denn in diesem Moment ist die Stellte eher lustvoll und weniger empfindlich.

Bleibe in Kontakt mit ihr, in der Kommunikation. Du musst nicht immer sprechen, solltest Dich aber auf sie konzentrieren, nicht auf Dich.

Wichtig ist während der ganzen Zeit, dass sie es schafft zu entspannen, während der Beckenboden bzw. der PC anspannt. Denn die Kontraktionen bedeuten immense Arbeit der Muskulatur.

Deine Kunst ist der Wechsel vom Fokus auf die Vagina und auf die Klitoris, immer wenn Du eine Änderung in der Kontraktion ihrer Muskulatur spürst.

Kurz zusammengefasst

Die Luststeigerung erkennst Du immer am starken Zusammenziehen in der Vagina, dass Du an den Fingern spüren kannst - die Finger werden fest umschlossen und wieder losgelassen.

Wenn Du spürst, dass sie in einer Phase ist, wo die Lust sich wieder steigert und sich die Vagina fest um Deine Finger schließt und dann wieder loslässt, bewegst Du Deine Finger in der Vagina und/oder stimulierst den G-Punkt. Wenn diese

Wellen nachlassen, gehst Du über zur Klitoris. Und dann wieder zurück.

Wenn alles richtig läuft und ihr gut eingespielt seid, dann werden ihre Phasen, wo das Zusammenziehen, also die Kontraktionen, immer länger und die Pausen in der Erregung immer kürzer. Bis dann nach einiger Zeit nur noch Lust und ein total langer Orgasmus da, der ihre tiefen Muskeln im Becken zusammenziehen lässt.[20]

Deine Partnerin wird nach den ersten zwei Phasen in der Lage sein, ihre Lust mit Deiner Hilfe immer weiter zu steigern. Dies wäre dann die Orgasmusphase für Fortgeschrittene. Ein multipler Orgasmus, der relativ lange andauert und sehr langsame bzw. lange Anspannungsphasen hat.

Sollten Widerstände auftauchen, ist das nichts wovor Ihr Angst haben müsst. Entweder Ihr schafft es negative Gedanken durch ein Gespräch aufzulösen, oder Ihr haltet einfach inne, entspannt, und macht an einem anderen Tag weiter. Es läuft nichts davon

Verwöhnprogramm für IHN

Von ihr - oder natürlich von ihm für ihn. Die Frau steigert und steigert ihre Lust und wie im Fahrstuhl fährt sie immer weiter hinauf. Der Mann steigert seine Lust bis sein Penis hart ist und wird hier aber nicht ejakulieren. Der Orgasmus soll verlängert werden, während sich ähnlich wie bei der Frau die Muskulatur zusammenzieht. Hier kommt die Prostata ins Spiel. Ihr sprecht vorher bitte ab, wie lange Du ihn stimulieren wirst, ohne das er abspritzt. Für die Dauer dieser Zeit probiert ihr das dann auch einzuhalten.

Prostata

Prostata hört man leider meist nur in Verbindung mit älteren Herren und Krankheiten. Es ist erstaunlicherweise gar nicht wirklich bekannt, dass die Prostata so ein wundervolles Organ ist. Zwar wissen manche Männer vom Hörensagen dass hier eine Stimulierung möglich ist, die wenigsten können es oder finden den Punkt. Ich bin schon mehrmals darauf eingegangen, dass die Anatomie von Frau und Mann ähnelt. Und auch hier gibt es eine Parallele zum G-Punkt!

Beide, wenn sie stimuliert werden, lösen große leidenschaftliche Gefühle aus.

Die Prostata ist zuständig für die Produktion von Flüssigkeiten, Sekreten. Dieses Sekret ist milchig bis trübe und sauer, es schützt die DNA der Spermien.

Samenerguss

Beim Samenerguss wird der Sympathikus einige Muskeln aktivieren. Die Samenleiter pressen so das Sperma durch die Prostata in den Harnleiter. Das Sperma gelangt aber nicht in die Harnblase, das wäre ja unpraktisch.

Die Ejakulation wird ausgelöst, wenn der Beckenboden und die Muskeln der Schwellkörper am Penis sich zusammenziehen. So wird das Sperma nach außen abgespritzt.

Wenn der Mann also wie die Frau zuvor abwechselnd gestreichelt wird, erreichen wir das gleiche Ziel wie bei der Frau zuvor.

Wenn er am Penis und an der Prostata nacheinander liebkost wird, dann entsteht ein ähnliches Lustempfinden wie bei der Frau durch die Stimulation von Vagina und Klitoris.

Hier ist definitiv ein Gleitmittel gefragt! Auch falls Ihr es bislang weggelassen haben solltet - der Anus ist recht empfindlich. Nehmt es! Bevor also die Frau einen Finger in den Po des Mannes einführt, sollte sie definitiv Öl oder ähnliches nutzen

Solltest Du als Frau oder männlicher Partner unsicher sein, dann lese bitte erneut die Einführung mit der Anatomie. Du führst Deinen Finger ein und zwar so, dass Du die Möglichkeit hast, ihn nach oben zu bewegen, in Richtung Skrotum. Du wirst schon etwas Kraft anwenden müssen.

Plätze und Positionen

Diesmal darf der Mann sich gemütlich auf den Rücken legen. Macht es Euch wieder bequem - Du darfst zwischen den gespreizten Beinen Platz nehmen oder auch lege Dich auch ein wenig höher auf eines seiner Beine, halb auf das Becken und stützt Dich hier oben mit Deinem linken Unterarm ab. So hast Du beide Hände für Deinen Partner frei. Wenn es gemütlicher ist, dann kannst Du sein linkes Bein zwischen Deinen Beinen einklemmen.

Wenn Ihr beide mögt dürft Ihr natürlich auch andere Positionen auswählen. Die bekannte 69-Nummer, auf der Seite liegend, ist sehr geeignet. Bewegt Euch, probiert aus und bleibt nicht in einer Position die Euch nicht mehr behagt, sondern ändert dann während Eures Liebesspiels. Sex ist Bewegung!

Vielleicht klappt es mit der Erektion nicht sofort - manche Männer setzt das unter Druck. ich möchte hier wirklich betonen, dass dies der Normalfall ist; kaum ein Mann hat schnell und sofort eine Erektion. Nehmt Euch also entsprechend Zeit und genießt die Berührungen. Der Partner oder die Partnerin sollte die Chance bekommen, verschieden Handgriffe und Berührungen auszuprobieren und ihre Fingerfertigkeit zu üben.

Allzu schnell ist man als Frau frustriert, weil man das Gefühl hat: Das kannst Du selbst viel besser. Kennst Du das? Ich war früher häufig unsicher, ob ich es richtig mache und fühlte mich ziemlich linkisch. Lass Dich nicht entmutigen.

Im Berührungskapitel sind ja einige Griffe beschrieben. Als Einstieg, um einen noch weichen Penis hart zu bekommen ist die Doppelringtechnik schön. Hier hältst Du mit dem einen Ring (Daumen und Zeigefinger) den Penis an der Wurzel stramm fest.

Der andere Ring rollt stramm von unten am Schaft nach oben zur Eichel und zurück. Oder die Ringe laufen entgegengesetzt von der Mitte nach oben bzw. unten. Auch hier gilt wieder: Durchtrainierter Korper!

Handarbeit kostet Kraft, das sage ich nicht nur als Masseurin.

Erste Phase des Orgasmus

Der Partner hat ja vorher geübt, nicht zu kommen, er sollte es also wirklich locker schaffen, eine Viertelstunden voll eregiert zu sein ohne zu kommen. Du darfst jetzt Hoden, äußeren Prostata - Punkt und den Anus liebkosen. Die Grifftechniken hast Du entweder mit Deinem Mann besprochen oder Dir schon im Buch angesehen.

Du musst mit den Hoden nur insofern vorsichtig sein, dass sie nicht zu sehr zusammengedrückt werden sollten. Ansonsten darfst Du sie definitiv in Dein Liebesspiel mit einbeziehen. Wenn Du das Kapitel für den Mann aufmerksam mitgelesen hast, dann weißt Du, dass der Mann erst eine Ejakulation hat, wenn der Hoden nah am Körper hochgezogen wird. Das kannst Du jetzt verhindern - zupfe immer mal am Skrotum, ziehe die Hoden vom Körper weg.

Wenn Du seine Lust vergrößern möchtest, kannst Du jetzt zur gleichen Zeit an seiner Eichel spielen oder den äußeren Punkt der Prostata drücken.

Die Lust wird wahrscheinlich größer; wenn er dem Orgasmus naherkommt, dann solltest Du die Eichel nicht mehr mit einbeziehen - Du kannst hier weiter am Skrotum, dem Hautsack, spielen.

Als Alternative kannst Du folgende Punkte drücken:

Den Prostata-Punkt, eventuell mit dem Mittelfinger.

Den Punkt vorne und hinten an der Peniswurzel, mit Zeigefinger und Daumen.

Wenn alles zu stark ist, dann macht ihr eine kleine Pause, macht dann aber direkt weiter. Beobachte Deinen Partner genau, damit Du nicht versehentlich das Abspritzen auslöst. Er kann mithelfen, indem er den PC-Muskeln anspannt.

Das Pressen der Muskeln kann die Ejakulation aufhalten. Spielt mit dem Atem um herauszufinden, was am hilfreichsten ist. Nicht nur die Frau, auch der Mann sollte auf seinen Atem achten. Kurz den Atem anhalten, um die Ejakulation zu verhinder ist in Ordnung, generell sollte aber fließend geatmet werden!

Nach mindestens einer Viertelstunde, die er nun wahrscheinlich durchhalten kann, wird Dein Partner ejakulieren. Abgespritzt wird von der groben Mehrheit mit 6 - 8 Stößen. Es ist ja bekannt, dass er es kurz vorher kommen spurt und dann einfach nicht mehr zurückhalten kann. Dies ist der erste Orgasmus. Danach hat er eine kleine Pause verdient. Hier wird aber nicht eingeschlafen! Gleich geht's weiter.

Zweite Phase des Orgasmus

Es geht weiter mit der Stimulation.

Das Ziel ist, ahnlich wie bei der Frau, immer langer in einem lustvollen Zustand zu bleiben, ohne dass die Erregung wieder direkt abfällt und dann bei Null ist. Sie soll eher langsam und stetig über längere Zeit gesteigert werden, Ihr seid dann ziemlich lange in einem extrem hohen Erregungszustand.

Auch wenn der Penis Flüssigkeit verliert während er in der extremen Lust ist, kurz bevor er ejakuliert - dies ist noch nicht das Ejakulat. Sie sorgen dafür, dass er nicht kommt, sondern in seiner Erregungsphase bleibt.

Seine Erregung wird sich mit laufender Ubung verändern, er wird "stiller" erregt sein als vorher und seine Muskulatur entspannen, sogar der Anus wird lockerer. Wenn vorher gegolten hat: Lange Streichungen, länger eine Bewegungen und Art des Streichelns ausführen, ist das für den Mann in dieser Phase nicht sinnvoll.

Hast Du mal etwas länger monoton Deinen Penis (oder den des Partners) gerieben oder gerubbelt? Was passiert?

Genau. Er kommt. Und zwar recht schnell. Das ist genau dann richtig, wenn Ihr beschließt, dass Ihr Euer Liebesspiel für heute beenden möchtet. Ob Ihr das mit einer Ejakulation oder ohne beendet sei Euch überlassen.

Wenn er ejakulieren möchte machst Du es, wie Du es von Dir selbst schon kennst als Frau: Du stimulierst ihn weiter - vorsichtig, er wird empfindlich sein. Probiere ob Du seinen externen Prostata-Punkt drücken kannst, während Du seinen Penis noch zärtlich liebkost und streichelst.

Ubt so oft und viel Ihr mögt, überlegt Euch Variationen und macht das, was Euch gut tut.

Das Beste zum Schluss

Das „zusammen schlafen"

Bist Du in einer Beziehung oder hast eine Affäre / Polyamouröse Beziehung? Dann kannst Du jetzt Deine Kenntnisse hier einbringen und vertiefen.

Viel inniger und lustvoller für Eure gemeinsame Paarbeziehung ist nämlich der Geschlechtsverkehr. Allein Berührungen und sich im Arm halten, auch ohne Sex und Geschlechtsverkehr, sind essentiell und nährend.

Es tut einfach gut, jemanden in den Arm zu nehmen oder einfach gehalten zu werden.

Orgasmen auf die besondere Art und Weise sind nicht nur per Hand anlegen machbar - im Gegenteil.

Wenn Ihr Euer Liebesspiel beendet habt, ist das der beste Zeitpunkt um noch miteinander zu schlafen. Ihr müsst natürlich schauen, wie Eure Verfassung ist.

Euer Alter, Gesundheit, wie anstrengend ist Euer Alltag und vieles mehr spielt hier eine Rolle.

Es gibt viele wundervolle Positionen für Mann und Frau, Frau und Frau, Mann und Mann. Hier werde ich nur auf die Positionen zwischen Frau und Mann eingehen.

Positionen

Die Positionen unterscheiden sich im groben darin, wer von beiden eher passiv und wer eher aktiv ist. Die Namen der Stellungen sind weithin bekannt.

Missionarsstellung

Der Klassiker: Sie liegt auf dem Rücken, der Mann liegt auf ihr und ist zwischen den Beinen. Hier ist die Frau eher passiv, der Mann hat hier eventuell etwas mehr davon.

Wenn sie sich ein Kissen unter den Po liegt, kann er Winkel des Eindringens schön verändert werden, der G-Punkt wird so besser stimuliert.

Reiterstellung

Die Frau sitzt auf dem Mann, der auf dem Rücken liegt. Sie kann hier sehr dominant sein und vor allem selbst ihre Haltung, ihren Winkel, in dem der Penis eindringt, bestimmen. Der G-Punkt kann hier gut stimuliert werden.

Der Höhepunkt des Mannes kann lässt sich gut hinauszögern.

Hündchenstellung

Die Frau kniet vor dem Mann und er nimmt sie von hinten. Er kann tiefer als in anderen Positionen in sie eindringen, vor allem wenn der Kopf tiefer ist, als der Po. Hier kann der Partner die Klitoris gleichzeitig stimulieren, was sonst schwer möglich ist

Löffelchen

Beide liegen hintereinander, wie die Löffel im Besteckkasten. Hier kann der Mann auch tief eindringen, die Klitoris berühren. Es ist eine sehr zärtliche Stellung, die Umarmung kann sehr intensiv und innig sein.

Schere

Sie liegt auf dem Rücken und der Mann schräg auf ihr. Er liegt mit einem Bein zwischen ihren Beinen, das andere liegt, über ihren Oberschenkel platziert, leicht angewinkelt neben ihrem Körper.

Die eine Seite stützt der Mann mit seinem Unterarm ab, er liegt ein wenig schräg. Der Vorteil ist, dass die Frau ihn hier auch schön von hinten verwöhnen kann und an den Prostata Punkt und das Skrotum heran kommt.

Die Hüften sind sehr frei und Ihr könnt Euch bewegen.

Wenn Ihr die Übungen aus dem Buch macht, kann es sein, der erste Orgasmus viel schneller eintritt als bislang.

Orale Zärtlichkeiten

Es ist nicht notwendig, sich für längere oder intensivere Orgasmen oral zu verwöhnen, aber den Mund hinzuzunehmen ist auf jeden Fall eine Bereicherung.

Ihr könnt neben den Geschlechtsteilen, wenn Ihr sie mit dem Mund verwöhnen möchtet, alles ablecken und küssen, was zum Körper gehört.

Oralverkehr ist nicht jedermanns oder jederfraus Sache - tauscht Euch bewusst und ehrlich aus, probiert vielleicht einmal etwas anderes. Wichtig ist meines Erachtens immer nichts zu tun, das man nicht wirklich will.

Die Position sollte natürlich wie immer bequem sein - es sind hier aber keine Grenzen gesetzt, ob der Mann steht und die Frau auf dem Bett sitzt, ob sie vor seinen geöffneten Beinen kniet oder Ihr in der 69er Stellung seid. Es ist wirklich Euch und der Bequemlichkeit überlassen.

Schön ist es für den Mann, während sie/er zusätzlich den Penis in den Mund nimmt, den Mann mit der Hand erregt. Zum Beispiel an der Prostata oder am Skrotum. Der Penis kann gelutscht und geleckt werden, den Schaft mit der Hand liebkosen, während die Eichel im Mund ist und so weiter.

Kombinationen

Die Oraltechniken können mit allen anderen Techniken kombiniert werden. Auch seine Hoden und alle anderen Bereiche kannst Du oral liebkosen, indem Du sie in den Mund nimmst, Deine Zunge auf ihnen kreisen lässt oder den Damm leckst.

Sollte sein Penis sehr groß sein und zu groß bzw. lang für Deinen Mund, kannst Du Deine Hände entweder mit Spucke oder Gleitgel einreiben und die Hände am Penis im gleichen Rhythmus auf und ab fahren lassen, wie dein Mund es tut.

Auch wenn es zu anstrengend wird, mit dem Mund zu erregen, nimmst Du Gleitmittel und melkst den Penis mit der Hand weiter. Indem Du gleichzeitig drückst und reibst, entsteht ein ähnlich saugendes Gefühl wie mit dem Mund.

Den Penis zu tief in den Mund zu nehmen erzeugt bei mir selbst schnell einen Würgereiz, ich habe schon beim Zähneputzen Probleme. Du kannst das lindern, wenn Du die ganze Zeit schluckst. Vielleicht gelingt es Dir. Es ist ein wenig wie tauchen, Luft holen nicht vergessen!

Wie gehabt pausierst Du ein wenig, wenn Du spürst, dass er kurz vor der Ejakulation steht. Sobald er ruhiger wird, machst Du weiter.

Hart oder sanft?

Frauen mögen es gern sanft, zumindest wenn man Statistiken glaubt. Es gibt nichts Unangenehmeres als ein zu starkes Saugen oder Reiben. Das tötet leider jede schöne Empfindung ab. Sollte Deine Partnerin zu den Frauen gehören die starke Stimulation mögen - dazu dienen ja die Gespräche.

Ein guter, gleichmäßiger Rhythmus wie oben schon geschrieben, ist gut um die Erregung zu steigern. Lass Deine Zunge spielerisch umherwandern und die Stellen suchen, an denen die Lust am größten ist.

Lecken und saugen können sich abwechseln, wobei nicht jede Frau das Saugen mag.

Auch der Mann kann selbstverständlich zusätzlich zum Oralverkehr die Hände mit einsetzen. Ihr geht genauso vor wie oben beschrieben. Erst die Klitoris und wenn dann die Erregung sehr stark ist die Vagina mit einbeziehen und weniger den Fokus auf die Klitoris.

Wenn die Erregung geringer wird leckst Du wieder mehr an der Klitoris, stimulierst sie mit neuen Bewegungen mehr und immer so weiter.

Cunnilingus

Der Mann stimuliert die Frau mit der Zunge. Probiere was Dir gefällt und auch der Frau gefällt. Der Mann kann saugen, lecken, ganz leicht mit den Lippen den Schambereich oder die

Klitoris berühren. Sollte Euch der Geruch stören, könnt Ihr mit schönen Ölen experimentieren.

Fellatio

Der Mann ejakuliert in den Mund der Frau, oder natürlich einer anderen Person. Das ist nicht jederfraus Sache. Die einen finden den Geschmack eher widerlich, ich habe auch schon gehört, dass die Frau Angst hat, einfach würgen zu müssen, ich selbst habe ja auch das Zahnbürstenproblem, ich würge schnell.

Es gibt Frauen, die es stört, dass der Penis auch uriniert oder sich aus anderen Gründen ekeln.

Oralverkehr muss ja nicht sein, Ihr könnt aber auch einfach sanft beginnen, indem die Frau den Penis erst nur küsst, um sich daran zu gewöhnen. Ihr könnt auch absprechen, dass er den Penis kurz vor dem Abspritzen herauszieht.

Widerstände

Widerstände sind nichts anderes als verdrängte Emotionen, Ängste oder Projektionen. Bei innigem körperlichem Kontakt und tiefen Berührungen ist es sehr gut möglich, dass diese an die Oberfläche treten. Im Körper sind alle Erinnerungen gespeichert und können auf der körperlichen Ebene auch getriggert werden. Es können Gedanken sein, oder einfach negative Gefühle.

Wichtig ist, dies nicht persönlich zu nehmen, denn dies sind zumeist alte Erlebnisse, die gar nichts mit dem Partner zu tun haben. Sie stammen aus der Kindheit und wurden nicht verarbeitet, sondern verdrängt. Wie kleine Kinder, die etwas bestimmtes wollen und immer zurückgewiesen werden, werden diese Gefühle immer heftiger und brechen dann bei einem Trigger hervor.

Es kann auch gut sein, dass schon vor Euren Liebesstunden bei dem ein oder anderen Partner ein Widerstand auftaucht - das können Aussagen sein wie: Ich habe keine Zeit. Ich bin zu müde. Ich habe Migräne.

So oder so ähnlich könnten sich Widerstände zeigen. Es ist wichtig diese immer wahrzunehmen und vor allem ernst zu nehmen. In der Systemik sagen wir: Störungen haben Vorrang.

Es ist möglicherweise gut, sich erst einmal mit dem dahinterstehenden Thema zu beschäftigen oder herauszufinden, was hier im Weg steht.

Bleibt im Vertrauen, dass alles gut ist und Ihr Zeit habt um alles aufzulösen, was im Raum steht.

Gedankenhygiene

Sollten immer negative Gedanken während der sexuellen Stimulation auftauchen, so ist es sinnvoll, ein wenig Gedankenhygiene zu betreiben. Es gibt zahlreiche Möglichkeiten, dies anzugehen. Es muss nicht immer gleich eine Therapie sein.

Meditation, autogenes Training oder auch Schreibtrainings, heute Journaling genannt, können Euch helfen, damit umzugehen.

Ebenso ein Kommunikationstraining, Beschäftigung mit dem inneren Kind und aufräumen mit alten Gewohnheiten um neue Verhaltensweisen etablieren zu können ist sehr sinnvoll.

Gerade für Männer ist es häufig schwer, sich passiv zu zeigen und einfach zu empfangen. Doch ich möchte Dir wirklich Mut machen, es zu probieren und dies einmal auszuhalten. Es ist wirklich eine Bereicherung. An dieser Stelle möchte ich nochmal die Wichtigkeit einer guten, lösungsorientierten Kommunikation betonen. Im nächsten Kapitel geht es um das Miteinander als Paar, in Anlehnung an Gary Chapman, "Die 5 Sprachen der Liebe."

Die 5 Sprachen der Liebe

Dieses Kapitel geht auf die Sprache der Beziehung ein. Gary Chapman hat ein fantastisches Buch geschrieben, wie es Partnern möglich wird sich gegenseitig zu sagen, dass sie sich lieben.[21] Die Liebe soll ja auch noch nach langer Zeit bestehen bleiben.

Sein Plädoyer: Nur wenn die Sprache in Beziehung liebevoll ist und auch ähnlich ist, wenn beide sich auf eine gleiche Ebene begeben, dann klappt es mit der Liebe. Und mit der Sexualität. Die 5 Sprachen zu lernen ist wie das erlernen oder nutzen einer Fremdsprache - um den anderen erreichen zu können. Denn Vorwürfe, Bedingungen, Verletzungen können die Beziehung auf Dauer zerstören.

Die 5 Sprachen nach Chapman:

Anerkennung und Lob

Diese Sprache lobt den anderen, stärkt so seine Ressourcen und motiviert ihn, das Beste zu zeigen und zu geben.

Komplimente, Liebesbekundungen zeigen dem anderen, dass Du ihn wahrnimmst und wertschätzt. Sage Deinem Partner, was Du an ihm schön findest. Sag ihm, dass Du bestimmte Körperteile gern magst, die Art magst wie er sich bewegt, seine Berührungen liebst, mache Komplimente.

Zweisamkeit

Diese Idee findest Du auch hier unter den Vorbereitungen. Der andere braucht einen festen Raum, einen Platz für Eure Aktivitäten. Und zwar allein mit Dir. Keine Störungen, nur Ihr zwei. Denn nichts ist wichtiger als der Partner, die Partnerin.

Wer möchte nicht, dass er so wichtig für den anderen ist? Eben.

Geschenke von Herzen

Sie sind das Symbol der Liebe, der Wertschätzung. Es geht um die Symbolik - ich

suche liebevoll etwas passendes aus, das dem anderen eine Freude macht. Es geht nicht um den Preis, sondern darum dass Du Dir Mühe gibst, Dir Zeit nimmst, an den anderen denkst.

Kinder machen so etwas dauernd um den Eltern zu zeigen, dass sie an sie denken. Einfach aus Liebe. Dieses Ritual möchte ich Dir oder Euch auch ans Herz legen. Es freut das Herz,

Hilfsbereitschaft

Ich hatte einen Freund, der immer meine Wäsche mitnahm um mir unter die Arme zu greifen. Nicht meine persönliche, sondern die Bettlaken und Handtücher meiner Massagekunden. Ich habe das so geliebt. Es war eine wunderbare Geste und hat mir gezeigt, dass er mich wirklich unterstützt, egal was kommt.

Das hat nichts mit Unterwürfigkeit oder ähnlichem zu tun, es zeigt: Tun statt reden.

Zärtlichkeit

Dies ist ein ganz wichtiger Punkt, vor allem im Kontext der Übungen in diesem Buch. Sei zart, sei liebevoll. Nicht nur während der Übungen, auch im Alltag sind Berührungen etwas Wundervolles. Ich möchte Dich ermutigen, wenn Du in einer Beziehung bist, Deinem Partner oder Deiner Partnerin zu zeigen, dass Du sie begehrst.

Händchenhalten, umarmen, küssen, streicheln - eine kleine Berührung an der Schulter, ein Streicheln über die Wange.

Überlegungen zur Liebe

Stelle Dir selbst folgende Fragen:

- In welchen Zeiten fühlst Du Dich geliebt?

- Wie drückt der andere dann seine Liebe aus?

- Was gefällt Dir?

- Wie drückst Du selbst normalerweise Deine Liebe aus?

Achte doch einmal ganz bewusst auf Dein Handeln, Deine Gedanken - es geht erst immer nur um Bewusstsein, bewusst sein. Aus diesem Bewusstsein heraus wirst Du Dein Handeln möglicherweise verändern.

Wir können nur verändern, was wir bewusst reflektieren. Oft sind es keine großen Veränderungen, die notwendig sind, sondern Kleinigkeiten, die eine Beziehungen viel schöner machen können.

Grifftechniken Schöne Berührungen für SIE

Vorspiele

Die Innenschenkel zu streicheln oder sanft zu massieren kann ein wunderbares Vorspiel sein, Du kannst aber auch an den Füssen oder Händen beginnen oder an jeder anderen Körperstelle, und Dich langsam zu den Innenschenkeln hinarbeiten. Das steigert die Erregung.

Wenn Du auf dem Bauch liegst, kann Dein Partner Dir sanft den Po massieren. Widme Dich im Vorspiel also dem ganzen Körper, um ein ganzheitliches Erleben und Lust zu erwecken.

Es geht um Entspannung und das annehmen und genießen von Berührung. Der Venushügel darf mit einbezogen werden, mit einer flachen Berührung, die noch nicht wirklich stimulieren soll. Kreisende Bewegungen mit der Handfläche oder den Fingern dürfen sich anschließen, die sich langsam der Klitoris nähern. Die Berührungen bleiben hier noch sanft, zart und unschuldig.

Vulva

Die Hand gleitet langsam den Venushügel herab bis zur Vulva, den äußeren Geschlechtsteilen und hier den Schamlippen. Die äußeren Schamlippen werden zunächst mit den Fingerkuppen umschlossen gehalten. Der Druck sollte leicht und angenehm sein.

Dann werden in leichten Kreisbewegungen die Schamlippen zwischen den Fingern geknetet und massiert. Auch ein sanftes Ziehen vom Körper weg ist angenehm.

Zeichne eine Acht auf dem Bereich von der Klitoris bis zur Vulva.

Kreisende, fließende Bewegungen um die Vulva herum sind sehr sehr angenehm. Nimm den Daumen zu den Fingern hinzu und rolle, gleite, massiere.

Klitoris-Stimulation indirekt

Deine Finger oder Hände greifen die äußeren Schamlippen wie eine Klammer zusammen. Du berührst nur außen, durch Druck und Reibung.

Die Schamlippen werden, während sie sanft gepresst werden, auch bewegt. Lass sie vibrieren oder reibe sie einfach gegeneinander. Die Schamlippen dürfen natürlich auch einzeln massiert werden.

Klitoris-Stimulation direkt - Zwirbeln

Daumen und Zeigefinger (oder beim Masturbieren beide Zeigefinger, die aneinander gelegt werden) werden rechts und links der Klitoris angelegt.

Du kannst mit den Fingern hin- und her rollen, als würdest Du einen Krümel zwischen den Händen rollen. Diese Bewegung erfordert viel Fingerspitzengefühl, es kann sehr schnell unangenehm werden. Alternativ nimmst Du beide Daumen und quetscht sie zart.

Was die anderen Finger machen, bleibt Dir überlassen.

Klitoris-Stimulation direkt - Kreiseln

Hier sind auch wieder zwei Finger gefragt. Sie liegen auf der Klitoris - Du führst kreisförmige Bewegungen aus, mit jeweils angenehmem Druck und Tempo. Wenn Du masturbierst wirst Du wissen was schön ist - als Partner solltest Du genau Deine Partnerin beobachten. Achtung sehr erregend!

Klitoris-Haube

Schön ist auch das ziehen der Haube über der Klitoris in Richtung Vulva oder Bauch. Also ein hin- und herschieben, das sehr sanft sein sollte bzw. beobachte hier wieder Deine Partnerin. Während Du die Haube wegschiebst, kannst Du auch die Perle sanft streicheln.

Wegschieben lässt sich diese Haube auch, wenn Du mit der ganzen flachen Hand Deinen Venushügel nach Richtung Bauch ziehst. Die Klitoris wird so frei für eine direkte Stimulation.

Klitoris-Stimulation direkt - Klopfen

Während Du sanft die Schamlippen auseinanderziehst und die Klitoris sichtbar ist, klopfst Du mit den Fingern der anderen Hand zart auf die Klitoris.

Vagina-Pforte

Während Du mit den Fingerspitzen den Eingang zur Vagina in kreisenden Bewegungen leicht massierst, kann auch leichte Vibration durch klopfen ausgeübt werden:

- auf der Vulva

- auf der Klitoris

- auf den äußeren oder inneren Schamlippen

Die Öffnung oder um die Öffnung herum ist die Stimulation sehr angenehm. Gleitgel kann hier sehr wirkungsvoll sein, vielleicht bist Du aber auch schon feucht und brauchst es gar nicht.

Massiere den Eingang mit mehreren oder mit einem Finger. Du kannst Deine Phantasie hier wirklich spielen lassen: Massiere, streichle und drücke die Schamlippen und empfindsame Region am Scheideneingang. Dringe ein klein wenig ein, nicht ganz.

Vaginale Stimulation

Du kannst einen, zwei oder drei Finger in die Vagina führen. Die Finger werden bewegt, hinein- und hinausgeschoben.

Wenn Du zwei Finger nehmen möchtest kannst Du den kleinen Finger, den Zeigefinger und den Daumen abspreizen. Ringfinger und Mittelfinger werden in die Vagina eingeführt. Dadurch, dass Du sie perfekt nach oben Richtung Bauchdecke bewegen kannst, können sie schön den G-Punkt stimulieren.

G-Punkt

Über den G-Punkt und wie Du ihn findest haben wir schon gesprochen. Wenn Du Deinen Finger in die Scheide einführst, diesen leicht hochhebst oder drückst, also damit meine ich Richtung Decke oder Bauchdecke, findest Du einen Punkt oder ein Areal dass etwas rau ist. Der Punkt reagiert am besten auf Druck oder drückende Reibung.

Es fühlst sich so an doch Du musst nicht zur Toilette, das ist hier nicht die Blase. Probiere einfach aus, ob sich ein Wohlgefühl einstellt, wenn du weitermachst.

Du kannst auch an der Bauchdecke von außen etwas gegen drücken um das das Gefühl zu intensivieren. Achtung, daneben liegt die Harnröhre, die zu starke Reize nicht mag. Wie gesagt - nicht jede Frau mag es, die wenigsten kennen ihn.

Klitoral und Vaginal

Du kannst die Griffe kombinieren und beides gleichzeitig ausführen, also außen und innen berühren.

Anal

Wenn Du oder Deine Partnerin es anal mögt, dann probiere doch erst einmal die Rosette zu berühren, nimm hier viel Öl, wenn Du magst. Öl brauchst Du vor allem, wenn du vielleicht probieren möchtest mit dem Finger einzudringen.

Achtung, passt hier auf, wenn Ihr Fingernägel habt. Und bitte achte auf saubere Hände, wenn Du wieder zur Vagina zurückkehrst.

Schöne Berührungen für IHN

Häufigster Griff: die Faust

Du umfasst den Penis mit der Faust und schiebst sie bzw. mit unterschiedlichen Tempi vor und zurück. Du kannst auch die Vorhaut zurückziehen und dann mit der Hand reiben. Sollte der Penis größer sein, kannst Du natürlich beide Hände nutzen.

Erste Variation:

Lass Deine Fäuste abwechselnd rauf- und runtergleiten. Also oben anfangen, hinunterfahren und die andere Hand die gleiche Bewegung machen lassen.

Zweite Variation:

Dreh einmal Deine Faust um, das heißt: Du kannst auf Deinen Handrücken schauen. dann lasse Deine Hand den Penis reiben.

Zwei Finger

Mit dem Zeigefinger und dem Daumen lässt sich schön die Unterseite und die Oberseite der Eichel halten. Bewege Deine Finger auf- und abwärts.

Drei Finger

Mit dem Daumen, dem Zeigefinger und/oder Mittelfinger und dem Ringfinger greifst Du Dir den Penis und lässt die Hand hinauf und hinab gleiten.

Aladin

Du hältst mit der einen Hand den Penis fest, während die andere die Eichel liebkost, drückt, reibt.

Variante:

Du kannst mit der zweiten Hand dem Penis einen Widerstand bieten: Drücke oder klopfe ihn gegen die Hand.

Hand am Sack

Während Du die Faust nutzt, liebkost Du den Hoden und/oder den Damm. Du kannst kneten, streicheln, massieren. Experimentiere ein wenig.

Die Eichel

Besonders schön ist es auch, die Eichel mit drei oder vier spitzen Fingern inklusive Daumen zu greifen und zwar von oben. Du ziehst ein wenig an ihr, lässt Deine Finger hinab- und hinaufgleiten und massierst die Eichel sanft.

Massieren

Lege Deine Hände locker an den Penis bzw. Deinen Penis hinein und fange an, in kreisenden, leichten Bewegungen, ihn zu massieren und zu reiben. Gehe dabei in alle Richtungen, auch hinauf und hinunter.

Das Leben ist immer Veränderung

In einem der vorigen Kapitel hatte ich schon über Widerstände, Projektionen und Gefühle geschrieben. Vielleicht entstehen während der Übungen negative Gedanken gegenüber Deinem Partner, anderen Personen oder dem Leben gegenüber generell, schlimmstenfalls Dir selbst gegenüber.

Diese Gedanken erzeugen zumeist nicht wirklich positive Gefühle, und diese Gefühle, auch wenn sie dazugehören, erzeugen Stress. Das ist nicht weiter schlimm, wenn das ab und an geschieht und es ist gesund, diese Gefühle nicht zu verdrängen.

Doch kommt dies oft vor, dann hängst Du möglicherweise durch diese negativen Gefühle in niedrigen Schwingungen, die die Energie rauben, statt Dich damit zu versorgen.

Änderung von Gewohnheiten

Gedankenmuster und Gewohnheiten können von jedem von uns geändert werden, wenn wir uns dazu entschließen. Was braucht es dafür?

Zunächst einmal eine klare Entscheidung, das alte Spiel nicht mehr spielen zu wollen. Der zweite Schritt ist das Annehmen dieser Gedanken und die dadurch verursachten Gefühle. Annehmen einerseits - denn es ist wie es ist - und die Verantwortung übernehmen andererseits, denn niemand als Du selbst hast sie erschaffen.

Dadurch kommst Du aus dem Opfer-Sein heraus und ermächtigst Dich selbst, Dich verändern zu können.

Positive Sichtweisen

Als letzten Schritt gilt es die Gedanken, die negativ sind, positiv zu formulieren. Die Kraft der negativen Aussage kann durch gezielte Fragen verwässert werden.

- Stimmt das wirklich?

- Ist das immer so? Ist es sogar ganz oft anders?

- Was würde schlimmstenfalls passieren?

Dann suchst Du eine Aussage, die einen nächst angenehmeren Gedanken enthält. Wenn soweit bist, diesen anzunehmen, suchst du einen weiteren, der sich etwas besser anfühlt. Du führst dies fort, bis Du bei einer positiven Aussage bist, die für Dich für die nächsten Jahre gültig ist.

Nicht nur Deine Sexualität, Dein ganzes Leben kann eine neue Richtung nehmen, wenn Du Dich und Deine innere Haltung veränderst. Stagnation ist ebenso unmöglich wie Sicherheit. Doch wenn wir uns ohnehin permanent verändern, dann doch lieber in eine Richtung, die uns gefällt.

Was in diesem Buch nicht zu Wort kommt sind die Fälle, in denen es mit der Sexualität ein wenig komplizierter ist. Sei es, dass Du schon etwas älter bist, dass du sexuelle oder körperliche Probleme hast oder unter traumatischen Erlebnissen leidest. Es kann auch eine Ursache die andere bedingen. Du solltest dann erst einmal einen Arzt oder danach einen Therapeuten aufsuchen, der Dich begleiten kann. Je nachdem was die Ursache ist, kann auch ein Berater oder ein Coach helfen. Oft bedingen sich auch körperliche und psychische Ursachen gegenseitig.

Wichtig ist, etwas zu tun, und nicht die Dinge auf sich beruhen zu lassen, denn: Es ist so viel mehr möglich, als Du vielleicht denkst!

Erektionsprobleme, Probleme der Frauen beim Sex wie Vaginismus und so weiter werden in einem anderen Buch thematisiert, das würde hier den Rahmen sprengen. Auch weitere Möglichkeiten der Behandlung oder Libidostimulation durch Öle oder Nahrungsmittel werden an anderer Stelle behandelt.

Kapitel 5

Exkurs Selbst - Liebe und Fühlen

Warum es wichtig ist, den eigenen Körper zu lieben

Der Körper ist mit dem Gefühl und auch mit den Gedanken untrennbar verbunden.

In diesem letzten Kapitel möchte ich einen Auszug aus meinem „Gefühlsbuch" hier als Bonus eingeben. Denn die meisten haben verlernt, wirklich ihren Körper und somit auch die Gefühle zu fühle. Damit zusammen hängt das fehlende Bewusstsein für die Gedanken.

Da es bei der Sexualität um den Körper geht – unter anderem – ist es wirklich essentiell, sich spüren und erkennen zu können. Es ist unerlässlich herauszufinden was ich mag und was nicht. Was mir gut tut. Wie ich bin, wenn ich ärgerlich bin, wie ich bin, wenn ich lustvoll bin.

Und was passiert, wenn ich in einen Widerstand gerate. Wie der Körper sich dann anspannt, und wie ich es erkenne.

Der Körper ist ein Werkzeug oder auch ein Fahrzeug - oder nenne es auch ein Gefährt, das bis zum Ende bei dir bleibt. Daher ist es wichtig, ihn ernst zu nehmen, ihn zu pflegen, auf ihn zu hören.

Dein Körper dient Dir dein Leben lang. Und trotzdem finden die meisten von uns Ihren Körper ganz schrecklich. Dein Körper verdient ganz besonders viel Liebe! Er ist so wichtig!

Um uns selbst wieder zu spüren und vor allem auch in die Selbstliebe zu kommen, ist es essentiell wieder in Kontakt zu uns selbst zu treten, in liebevollen Kontakt. Das, was wir uns von anderen wünschen, gilt es zunächst uns selbst zu geben. Uns lieben, Aufmerksamkeit schenken, Zuwendung, Pflege, Zuneigung, Zeit, Fürsorge.

Selbstfürsorge

Mit gezielten Übungen kommst Du wieder zu Dir und Deiner Selbstfürsorge, ohne Affirmationen herunterzubeten, die im Grunde nur noch mehr Widerstand erzeugen.

Hier geht es um echte Zuwendung. Ich habe viele Klientinnen, die den Zugang zu sich selbst verloren haben und so sehr anhängig von ihren Partnern wurden, von der Liebe der Männer. Sie waren in jeder Beziehung relativ unfähig Grenzen zu setzen aus Angst, verlassen zu werden.

Ein besseres Körperbewusstsein trägt auf Dauer zum Bewusstsein für sich selbst bei, zum Selbstbewusstsein.

Die Klientinnen lernen so, sich und ihrer Intuition mehr zu vertrauen, sich mehr wertzuschätzen und zu begreifen, was es bedeutet den eigenen Wert im außen zu vertreten. So erst ist es möglich gesunde Grenzen zu setzen. Gesunde Grenzen und das Erkennen des eigenen Wertes ist die Grundlage von Beziehungen.

Erstaunlich finden viele, dass uns das Gespür für uns und unseren Körper abhandengekommen ist.

Doch wenn Du Dir nochmals vergegenwärtigst, warum Gefühle verdrängt werden, dann wird auch klar, warum das Körperbewusstsein in den Hintergrund rückt. Wenn der Körper die Gefühle spiegelt, ist es natürlich eine Schutzfunktion auch diese zu verdrängen.

Körperbewusstsein

Gefühl geht ein Gedanke voraus, und jedes Gefühl ist mit einer Körperreaktion verbunden. Du kannst mit den folgenden Übungen Dein Körperbewusstsein zu trainieren. Dass und warum es Dir dienlich ist, im Hier und Jetzt zu sein, hatte ich schon in den vorigen Kapiteln behandelt. Es geht darum, Dein Leben wirklich genießen zu können statt daran vorbei zu laufen. Und im Erleben jetzt, in diesem Moment hast Du die Möglichkeit, wirklich etwas zu verändern.

Mit dem Bewusstsein und dem Spüren Deines Körpers hast Du die Chance Deine Gefühle zu entlarven, die mit den unbekömmlichen Gedanken zusammenhängen. Du kannst sie entlarven als falsch, um so stressigen Gefühlen oder auch inneren Konflikten adieu sagen zu können. Du kannst aufhören, immer die gleichen Situationen zu erleben. Du kannst damit aufhören, ein schlechtes Selbstbild zu haben oder auch toxische Beziehungen zu führen.

Du bist nicht länger Opfer Deiner Gefühle, sondern Gestalter Deiner Realität. Das ist doch auf jeden Fall erstrebenswert.

Denn die Probleme die Du hast, entspringen immer einem Gedanken, der nicht stimmt – den Du aber für wahr hältst.

Übung 1

Achte in dieser Woche ganz bewusst darauf wie Du Dich bewegst. Wie wachst Du morgens auf, wie fühlt sich Deine Bettdecke an, Dein Kissen?

Wie fühlt sich der Fußboden an, wenn Du aufstehst? Achte darauf, wie Du unter der Dusche stehst, wie riecht Dein Duschgel? Wie fühlt sich Deine Haut an?

Achte darauf, dass Du immer nur eine Sache machst. Halte den Fokus auf eine Tätigkeit, fange nicht an zu bügeln, wenn Du telefonierst und fange nicht an die Badewanne zu schrubben, wenn Du Zähne putzt.

Beobachte Dich, Deine Bewegungen, wie fühlst Du Dich in Deinem Körper, wie fühlt er sich an?

Fühlst Du Kälte oder Wärme? Bist Du irgendwo verspannt? Ist Dein Körper weich, flexibel, durchtrainiert? Wie sitzt Du, wie stehst Du? Wie gehst Du?

Übung 2

Achte heute auf alles was Du siehst. Nimm alle Farben wahr. Im Schlafzimmer, in der Küche, Dein Essen. Beim Blick aus dem Fenster, ganz bewusst. In der Mittagspause – bist Du draußen? Wie viele Farben siehst Du an den Blättern an den Bäumen? Wie viele Farbnuancen hat Deine Kleidung? Was erkennst Du alles an Strukturen und Farben?

Lass heute Deine Augen ganz intensiv alles betrachten was du siehst. Nehmen dir ausreichend Zeit. Genieße was Du siehst.

Übung 3

Achte auf alles was du hörst. Fange schon morgens im Bett damit an. Wie hört sich die Welt da draußen vor deinem Schlafzimmer an? Welcher Geräusche hörst Du wenn du über den Boden gehst. Lausche doch einmal ganz intensiv der Dusche oder dem Wasserhahn vom Waschbecken.

Achte wirklich auf alles. Je stiller Du bist und umso langsamer, desto mehr wirst du ausmachen können. Du musst nichts tun, es soll nicht anstrengend sein. Die Geräusche hörst Du am besten, wenn Du still bist und entspannst lauschst.

Übung 4

Heute ist der Geschmack an der Reihe. Achte intensiv auf alle Geschmäcker, Deines Essens, der Getränke, der Zahncreme. Erinnere Dich immer wieder daran, hier hinzufühlen.

Übung 5

Auch die anderen Sinne sind es wert gefühlt zu werden. Mach am besten nicht alles auf einmal. Nimm Dir jeden Tag einen anderen Sinn vor, den Du intensiv beobachtest. Heute könntest Du Dir den Geruch vornehmen und direkt beim Aufwachen starten. Welche Gerüche gefallen Dir denn am besten?

Übung 6

Wenn Du Lust hast etwas Besonderes zu üben, mach doch einmal eine Meditation beim Gehen. Hier geht es nicht darum, etwas Bestimmtes zu tun, sondern einfach entspannt auf die Füße zu achten. Du kannst am besten barfuß laufen. Ich kenne die Übung von meiner Yogalehrerin .

Du beginnst erst im Stand, spürst Dich, Deine Beine, Deine Füße und wie Dein Körper sich im Stehen fühlt. Dann beginnst Du mit langsamen Schritten geradeaus zu gehen, dabei fühlst Du wie der Fuß auf dem Boden aufsetzt.

Du kannst mit dem Tempo spielen, einmal langsamer gehen dann wieder schneller. Fang' dann an, auf den Innenkanten der Füße zu gehen, auf den Außenkanten, Auf Der Hacke und auf den Fußballen. Immer abwechselnd. Achtung! Es kann etwas zwicken, aber es ist eine sehr wohltuende Fußmassage die Dich erden wird.

Weitere Bücher der Autorin auf www.michelle-amecke.de

oder auf Amazon.de

Fussnoten

1 "Männer sind vom Mars, Frauen von der Venus." von Chris Evatt, Piper ebooks, 2017.

2 Vgl. Dr.med.V. Breitenbach, Weibliche Lust ohne Tabus, München 2013

3 https://www.die-partnerschaftsberater.de/Interview-Orbuch.html

4 https://www.spiegel.de/gesundheit/sex/sex-studie-das-sexleben-der-deutschen-a-1164321.html

5 https://www.zentrum-der-gesundheit.de/sex-ia.html

6 https://de.wikipedia.org/wiki/Erektion

7 Dr. Gralla, Untenrum glücklich, Köln 2016

8 https://de.wikipedia.org/wiki/Venushügel

9 Betty Dodson, Viva la Vulva, Womens Sex Organs Revealed, Video 1998

10 Rebecca Chalker, Klitoris, Berlin 2012

11 Alfred Kinsey u.a., Sexual Behavior of the Human Female, Philadelphia 1953, S. 6626-627; dt.: Kinsey-Report, Das sexuelle Verhalten der Frau, FFM 1963"

Auszug aus: Michelle Amecke. „Länger lieben, schöner Kommen (Ebook)." iBooks.

13 Alan P.Brauer und Donna J. Brauer sprechen bei den Kontraktionen von Push-Outs, die in den ESO, den extensiven super Orgasmus einleiten. "ESO, HOW YOU AND YOUR LOVE CAN GIVE EACH OTHER

HOURS OF EXTENDED SEXUAL ORGASM", ebd., New York 1983.

14 z.b. Mantak Chia, Taoist Secrets of Love: Cultivating Male Sexual Energy (English Edition)

Aurora Press, Inc. (15. November 2016)

15 https://de.wikipedia.org/wiki/Schäferstündchen

16 Erektionsstörungen werden in einem anderen meiner Bücher behandelt bzw. kannst Du gern eine Coachingsession anfragen.

17 Solltest Du Probleme damit haben und Dein Penis wird nicht steif, kannst Du eine Beratung nutzen oder Deinen Urologen fragen. Dies kann immer körperliche aber auch einfach psychische Ursachen haben wie z.b. Stress. Nicht sinnvoll ist es, einfach Stimulanzien, Pillen zu nehmen, da diese meist sehr das Herz stressen. Ich rate dringend davon ab.

18 Hand drauf. Ein Plädoyer für die weibliche Masturbation. 2018, München.

19 Du findest das Vorspiel im vorigen Kapitel.

20 Alan P.Brauer und Donna J. Brauer sprechen bei den Kontraktionen von Push-Outs, die in den ESO, den extensiven super Orgasmus einleiten. "ESO, HOW YOU AND YOUR LOVE CAN GIVE EACH OTHER

HOURS OF EXTENDED[...]"

Auszug aus: Michelle Amecke. „Länger lieben, schöner Kommen (Ebook)." iBooks.

Printed in Poland
by Amazon Fulfillment
Poland Sp. z o.o., Wrocław